노무현이,
없다

노무현이, 없다

다시는 못 볼 아주 작은 추억 이야기

노무현재단 엮음
도종환 외 17인 지음

학고재

| 책 앞에 |

당신도
우리를
보고 계십니까?

도종환

당신이 뒤뜰에 심으신 홍매가 붉게 피었다 졌습니다. 장독대 옆의 매화가 하얗게 피어서 은은한 향을 마당 가득 펼쳐 놓고 있는 걸 당신도 보셨는지요? 올 겨울은 유난히 춥고 눈도 많이 왔지만 봉하마을 당신이 사시던 집 마당에는 봄이 때맞추어 찾아와 산수유 꽃 개나리꽃을 노랗게 피우더니, 논둑에는 쑥들이 보얗게 돋아났습니다. 양지쪽에 돋은 쑥을 뜯어다 당신의 아내는 된장을 풀어 쑥국을 끓이셨습니다. 짙은 쑥 향이 방 안 가득 넘치는 걸 당신도 느끼셨는지요? 몰래 한 숟갈 떠 드셨는지요?

지난해 가을 거둔 봉하쌀로 지은 밥은 윤기가 자르르 흐르는데 그 따뜻한 밥도 한 술 드셨는지요? 봉하쌀로 쌀 막걸리를 빚은 건 알고 계시는지요? 그 막걸리 맛이 너무 좋아 입에 착착 달라붙습니다. 막걸리 한 사발 하시면 "캬, 좋다!" 소리가 저절로 나올 텐데 같이 한 잔하지 않으시렵니까?

산과 하늘과 바위가 잘 올려다보이도록 바깥쪽으로 조금씩 높아지게 지은 당신의 집 식탁에 앉아 올려다보는 부엉이바위 쪽 산 풍경은 네 폭의 병풍에 담은 산수화입니다. 당신도 그곳에서 이 집을 내려다보고 계십니까? 아내 혼자 지키고 있는 집이 보이십니까? 아내 혼자 창가를 서성이고 있는 게 보이십니까? 혼자 남겨진 당신의 아내를 생각하면 당신이 야속할 때가 있습니다.

자전거 뒤에 태우고 다니던 당신의 손녀딸을 생각하면 당신이, 당신의 고집, 당신의 원칙, 당신의 자존심이 미울 때가 있습니다. 또다시 봄이 와 과수원 사과 꽃 하얗게 피는 게 싫은 날이 있습니다.

오늘도 당신을 잊을 수 없는 수천수만의 사람들이 당신을 찾아 봉하마을로 오고 있습니다. 저 사람의 물결이 보이십니까? 그들의 발소리가 들리십니까? 왜 끝없이 사람들이 밀려오는 걸까요? 치열하게 살았으나 욕되게 살 수는 없어 벼랑 끝에 한 생애를 던진 당신을 잊을 수 없기 때문입니다. 사람들은 아직도 당신을 이대로 보낼 수 없다고 말하고 있는 것입니다. 아직 당신을 보내지 않았다고 말하고 있는 것입니다.

당신과 함께 일하던 사람들이 그대로 봉하마을에 남아 일하고 있는 게 보이십니까? 오늘도 밀짚모자를 쓰고 오리농사 지을 준비를 하고, 오늘도 정미소의 기계를 돌리며 목장갑 낀 손으로 이마에 흐르는 땀을 닦고 있는 게 보이십니까? 밤늦도록 당신의 이름 주위로 몰려오는 사람들에게 보낼 우편물을 정리하고 있는 이들이 보이십니까?

당신과 함께 일하던 사람들은 아직도 박해와 탄압을 받고 있고, 모함에 시달리거나 수모를 당하며 여기저기 끌려 다니느라 상처투성이가 되어 있습니다. 우리가 세웠던 세상은 지진이 휩쓸고 간 땅처럼 순식간에 무너져버렸고, 우리는 폐허의 가장자리에 서 있습니다. 거기 서서 다시 무너진 사원을 세우고 종소리를 울려 살아남은 사람과 나무와 어린 새를 돌아오게 하고 있습니다. 지켜주지 못해 미안하다는 말은 그만 하자고 했습니다. 당신이 그립고, 당신이 보고 싶고, 당신과 함께 일하고 싶지만 입술을 사리물고 남아 있는 우리가 해야 할 일을 찾기로 했습니다.

당신이 지키려 했던 가치, 당신이 이루려 했던 꿈을 향해 한 발짝씩 나아가기로 했습니다. 아직 거기까지 가지 못했으므로, 아니 그동안 이루었던 것이 다 무너지고 있으므로 다시 손을 잡고 신발 끈을 단단히 묶기로 했습니다.

벽에 살면서도 자신을 포기하지 않는 담쟁이처럼, 절망적인 상황을 끝내 아름다운 풍경으로 바꾸는 담쟁이처럼 우리 앞에 놓인 벽을 있는 그대로 받아들이기로 했습니다. 그리고 멈추지 않기로 했습니다. 손에 손을 잡고 함께 벽을 넘기로 했습니다. 당신은 지난해 봄 사저에 걸려 있던 「담쟁이」란 제 시를 내리라고 하셨습니다. 그 자리에 지금은 소나무 그림이 걸려 있습니다. 당신의 아내는 거기에 다시 「담쟁이」를 걸겠다고 말씀하셨습니다.

"저것은/벽/어쩔 수 없는 벽이라고 느낄 때/그때 담쟁이는 말없이 그 벽을 오른다" 이렇게 시작하는 시를 찾아 걸겠다는 것은 다시 시작하겠다는 것입니다. 벽에서 시작하겠다는 것입니다. 벽을 벽으로 받아들이지만 포기하지 않겠다는 것입니다. 절망으로 인해 주눅 들거나 조급해하지 않고 벽과 맞서겠다는 것입니다. 여럿이 함께 손에 손을 잡고 이 어려운 상황을 넘어가겠다는 것입니다. 설령 물 한 방울 없고 흙 한 톨 없는 벽에 살게 되었다 할지라도 멈추지 않겠다는 것입니다. 담쟁이가 비슷한 처지에 있는 수많은 이파리들과 손에 손을 잡고 한 발짝씩 나아가듯 그렇게 자신을 믿고 힘을 합해 우리 앞에 놓인 장벽을 넘겠다는 것입니다.

원칙을 버리지 않고 승리하겠다는 것입니다. 정의롭게 살아도 이길 수 있다는 걸 다시 보여주겠다는 것입니다. 당신도 우리가 그렇게 깨어 있는 시민으로 살아 움직이는 걸 보고 싶어 하실 겁니다. 깨어 있는 이들의 조직된 힘만이 역사를 변화시킬 수 있다고 당신은 말씀하셨습니다. 오늘도 우리가 그렇게 하고 있는지 아닌지 지켜보고 계시리라 생각합니다.

또다시 오월이 왔습니다. 당신이 떠나신 오월입니다. 당신을 향한 갈망과 공허를 어찌해야 할지 몰라 여기 이렇게 그리움과 추억의 말들로 풀어놓았습니다. 어찌 저희만이 당신을 그리워하겠습니까? 이 부질없는 그리움이라도 풀어놓지 못하면 그냥 가슴에 맺힌 채로 응어리져 있을 것 같아 부끄러움을 무릅쓰고 이렇게 꺼내놓았습니다.

  시간이 나시면 읽어보시고 저희에게도 몇 말씀 해주시면 얼마나 좋을는지요. 이승에서의 인연은 이렇게 아프게, 이렇게 황망히 끝났지만 삼천대천세계를 넘어 우리의 인연은 다함없이 이어지리라 믿습니다. 그곳에서도 부디 평안하시길 바랍니다.

2010년

당신이 떠나신 오월에

차례

책 앞에

004 당신도 우리를 보고 계십니까?   도종환

1부

낮은 사람
노무현

015 취재원 노무현을 추억하다   고형규

035 '노간지', 그 매혹과 슬픔의 스타일   정윤수

054 더 많은 꿈을 꾸어야 하는 이유   정혜윤

066 노짱의 춤을 본 적이 있는가?   하어영

076 내가 만난 개혁의 아이콘   손혁재

088 '역사인' 노무현을 생각한다   이이화

100 대통령이 남긴 마지막 숙제   정기용

114 그가 우리 각자인 동시에 모두이기를   송기인

126 이게 다 노무현 때문이다!   정훈이

2부

아주 작은
이야기

145	아버지가 입을 옷이에요	박천숙
155	대통령의 마지막 점심	신충진
165	'바보' 별명을 좋아했던 사람	유중희
176	그를 붙잡지 못한 죄 어찌할까	원창희
191	초상화로 만난 짧은 인연	이종구
209	대통령의 귀향, 72시간의 만남	이경묵
221	햇오리 손에 올려놓고	홍순명
232	봉하찍사 이야기	김정현

1부

낮은 사람
노무현

거의 유일하게,

그 애틋한 눈물을

진심으로 흘릴 수 있었던 사람.

그가 1년 전에

자연의 다른 한 조각이 되어

우리 곁을 떠나갔다.

진실로 슬픈 것은,

그런 사람이

이제는 없다는 것이다.

취재원
노무현을 추억하다

고형규

『연합뉴스』 편집국
통합 뉴스룸 콘텐츠 총괄부 차장으로
재직하고 있다.

　　　　　　이 글을 쓰기 위해서였을까? 얼마 전부터 오래된 이메일 함을 뒤적이곤 했다. 거기에는 9년 전부터 노무현 전 대통령을 취재한 기자의 적지 않은 기록이 남아 있었다. 먼지를 털고 낡은 편지를 읽듯 그것을 하나하나 확인하며 읽어 내려갔다. 기억이 새로웠다. 일부 취재록은 크든 작든 오롯이 하나의 역사가 돼버렸다.

　그를 추모하며 무엇을 이야기할까? 궁리 끝에 세상에 빛을 보지 못한 그의 말과 생각을 옮기자고 결론 내렸다. 취재원과 기자의 관계에서 비롯된, 그에 대한 필자의 특별한 개인 감상이나 평가를 위주로 쓰는 것은 지면 낭비가 될 수도 있다는 우려가 컸다.

　여기, 언론에 거의 취급되지 않은 취재록을 내놓는다. 긴가민가하거나 의미가 왜곡될 만한 대목은 빼고 다듬었다. 근본적인 메시지를 훼손하지 않는 범위에서 아주 조금 더하고 뺀 수준이다. 아울러 당시 언론에 보도된 소재라도 전후 맥락에 의미가 있는 기록은 다시 옮겨본다.

선배님, 통화 괜찮으십니까?

"저는 동교동계에 신뢰를 갖고 있습니다."

2001년 5월 중순 여의도 금강빌딩 지방자치실무연구소. '금강캠프'로 불리던 그곳은 벤처기업 사무실 분위기와 비슷했다. 단출했고, 분주했다. 대통령의 꿈을 꾸는 14년차 정치인이 그 기업의 오너 격이었다. 그리고 한 배를 탄 스태프 30~40명이 뛰고 있었다.

나는 속칭 '노무현 마크맨'으로 '노무현 대통령 만들기' 프로젝트의 본산인 그곳을 노크했다. 기자로서 취재원인 정치인 노무현과 1대1 첫 대면은 한 시간가량 이어졌다.

당시 그가 속한 민주당을 들끓게 한 차기 대통령 후보 선출 방법과 전당대회 이슈를 놓고 많은 문답이 오갔다. 한 줄도 쓸 만한 기삿거리를 구하지 못한 채 아쉽게 사무실 밖으로 나서려던 기자를 따라 나와 그는 그렇게 동교동계에 시그널을 보냈던 것이다.

밉든 곱든 당내 '큰손'인 그들에게 "우리도 투자 대상"이라는 걸 확인시키려는 전략적 의도였을 게다. 동교동계가 당내 라이벌 의원에게 기울어 있다는 관측이 있던 때였으니 그 언급은 한 줄 기사로서 가치가 있었다. 그렇게 시작된 만남은 필자가 2005년 1월 하순 청와대 출입 기자를 접을 때까지 약 4년 동안 이어졌다.

당시 기자들은 연배가 짧은 정치인에게는 '선배', 연륜이 있는 정치인에게는 '선배님'이라고 부르는 경우가 많았다. 전·현직 직함을 따서 '의원' '고문' '장관(님)'이라고 부르기도 했지만 필자는 고인에게는 거리감이 덜 느껴지는 '선배님'을 많이 사용했다.

출근 전 오전 6시에서 7시 사이 혜화동 자택으로 전화하면 어김없이 그 또는 권양숙 여사가 응대했다. "선배님, 통화 괜찮으십니까?"로 시작되는 통화는 짧게는 10분, 길게는 30분을 넘겼다. 그런 취재는 그가 대통령 당선자가 되기 전까지 계속됐다.

이런 전화 취재나 기타의 개별 취재에서 그는 언제나 존댓말을 썼다. 또한 주요 정국 현안에 대해서는 예외 없이 큰 원칙을 세운 채 자신의 생각을 정리해 두고 있었다. 굵직한 줄기의 대답에서 막히는 법이 거의 없었고 대부분 수미일관했다. 무엇보다 다른 취재원들과 구별되는 가장 큰 특징은 "이건 좀 봐줬으면 좋겠다" "그건 오해 없도록 잘 정리해주라" "안 쓴다면 말해주겠다"라는 등속의 부탁이나 주문이 거의 없었다는 점이다. 이것은 필자만이 겪은 예외적 경험일 수도 있지만 미디어를 대하는 그의 태도를 짐작하게 하는 증거로도 볼 수 있다고 생각한다. 그 덕분에 시간차 특종도 특종으로 친다면 그것은 대개 연합뉴스의 몫이었다.

하지만 이후 대통령 당선자, 그리고 대통령 신분으로 바뀌면서부터는 그런 1대1 취재는 더 이상 가능하지 않았다. 당선자, 대통령 시기 "하늘 아래 비밀은 없다"라는 지론을 가진 그였기에 공개 행사의 대부분은 미디어를 통해 알려졌다. 그래서 대통령 후보 전후 시절의 1대1 취재 과정에서 있었던 개인적 에피소드가 더욱 귀하게 여겨진다.

가치관, 세계관대로 글을 쓰세요

2001년 6월 29일. 나는 그날의 구수한 모닝커피 한 잔의 추억을 잊지 못한다. 당시 그는 민주당 상임고문이었다. 오전 7시 한 대학 언론대학원 최고과정의 초청 특강을 마친 뒤 다음 특강까지 시간이 남자 노 고문과 참모, 필자 등 3명이 커피숍을 찾았다. 종업원들은 모두 아침식사를 하고 있었다.

어디서 본 듯한 인물이 나타나자 한 종업원이 테이블로 다가와 일일이 주문을 받으려 했다. 그런데 "모두 커피로 주세요" 하고 노 고문이 '통일'을 하는 것 아닌가. 종업원이 주방으로 돌아가자 노 고문은 "아침부터 이것저것 시키면 식사하는 데 괴롭지 않겠습니까" 한다. 잔잔한 정이 느껴지는 배려였다.

이어 언론사 세무조사 이슈를 둘러싼 국회 상황을 놓고 문답하던

대통령 후보 시절부터
약 4년 동안 고형규 기자는
속칭 '마크맨' 으로
대통령을 밀착 취재했다.

중 그는 평소 생각을 툭 하고 던졌다. "가치관, 세계관 없이 글을 쓴다는 게 말이 됩니까. 고 기자는요, 가치관, 세계관대로 글을 쓰세요." 그러면서 국가론 강의에 들어갔다. "국가라는 게 뭡니까. 시장의 확보, 통합을 위한 것 아닙니까. 공존의 질서를 만드는……."

언뜻 보면 '뭘 가르치려 드는가' 하는 반감도 생길 법하지만 필자는 그 얘기를 선선히 들었다. 잦은 취재 과정에서의 커뮤니케이션에 바탕한 선의의 훈수로 받아들였다고나 할까.

닷새 굶으니 죽겠더라고

2002년 8월 8일. 그는 어느새 여당인 민주당의 대통령 후보로 '커' 있었다. 1988년 제도정치권 인사들과는 사뭇 다른 개혁노선과 저항적 '반골' 캐릭터에 논리적 언변을 얹은 청문회 스타의 이미지가 기반이었다. 그런 잠재력은 지역주의 타파라는 명분 있는 도전과 일관된 정치 이력으로 무장한 '호남당의 영남후보'로서 폭발한다. 그것은 곧 노풍을 일으키며 민심을 빨아들였다.

하지만 그날은 이렇게 크게 도약한 그에게 또 다른 도전을 요구하는 D데이였다. 국회의원 재보선 투표일. 당내 '노무현 비토그룹'은 후보를 사퇴하라고 하고, 그 역시 이날 선거에서 민주당이 패배하면 후보 재경선에 내몰릴 판이었다. 아니나 다를까 민주당은 이 선거에서 죽을 쒔다.

기자는 그날 이른 아침 권 여사 등 일행과 함께 투표를 마친 그와 혜화동의 어느 해장국집에서 국밥을 먹었다. 후보와 함께 식당으로 이동하려던 권 여사가 차창을 열어 함께 식사하자고 말해 이뤄진 자리였다. 당시 후보는 기자의 식사를 챙기는 여유와 배려가 없던, 무뚝뚝한 경상도 사나이였다.

내가 먼저 말문을 열었다.

"오늘 이회창 후보도 종로에서 투표했습니다."

"종로에 대통령하겠다는 사람들은 다 사네요. (권 여사를 쳐다보면서) 우리도 이사 안 왔으면 큰일 날 뻔했어요."

농을 던지는 그에게 한마디를 더했다.

"왜 부산 기자들 앞에서 담배는 피우셔서 담배 피운다는 기사가 나오게 하나요. (앞서 후보는 금연했다고 했고, 관련 내용이 보도된 상태였다.)"

노 후보가 우물쭈물하자 권 여사가 바로 물었다.

"담배 피웠어요? 당신."

노 후보가 능청스럽게 받는다.

"안 피웠어요. (아들에게) 건호야, 너 담배 끊었니?"

아들 건호 씨가 못 끊었다고 답하자 노 후보는 한발 더 나아간다.

"그거 하나도 좋은 것 없다. 독한 마음먹고 끊어라."

담배 논쟁이 잦아드는 순간 권여사가 말머리를 틀었다.

"예전에 남편이랑 저랑 단식한 적이 있었어요. 1주일 정도."

그러자 노 후보가 맞장구를 쳤다.

"친구 놈이 하는 단식원엘 갔는데 정말 죽겠더구먼. 5일째 굶었을 때 단식원 청소를 하는데 바닥에 깨가 하나 떨어져 있대요. 그 깨를 내가 딱 쳐다보고 있는데 (계속 웃으면서) 그때 집사람도 그 깨를 쳐다보다가 그만 눈이 마주쳤어요. (깨를 찍어먹는 시늉을 하며) 이렇게 찍어서 먹어야 하는데……."

그 순간 다들 박장대소했다.

분위기가 화기애애해지자 필자는 재경선과 관련해 당시 총리 출신의 잠재 후보로 거론되던 모 인사와 맞붙으면 경쟁력이 올라갈 것인지 물었다. 그러자 노 후보가 이렇게 말했다.

"그 얘기엔 답 안 해요. 내가 대답하면 기사 쓸 것 아니야."

"이 자리에는 기자가 저 혼자뿐입니다. (웃음)"

"그런가. 그런데 기자가 없는 자리에서도 내가 이야기하면 기사가 나오잖아요."

그러면서 노 후보는 큰 감투 쓰고 할 것 다해본 그 노장 정치인들을 겨냥하며 "대학 같은 데 가서 후배 양성하고 그러면 안 되나요. 후배들이나 키우지. 참……" 하며 아쉬움을 토로했다.

그는 이어 "우리 아이들은 정치하는 사람이랑 기자들은 일단 (배우자 대상에서) 빼야 할까보다"라고 덧붙이기도 했다.

노 후보가 기자를 '배제 대상'으로 언급하자 권 여사는 "기자들은 근무가 어떻게 되지요?"라고 물었다. 필자가 답을 생각하는 틈에 노 후보가 대신 나서서 말했다.

"근무 시간이 어디 있어. 24시간이지."

성공한 대통령이 되고 싶다

2002년 8월 22일 노 후보 내외는 출입기자들을 혜화동 자택으로 초청해 저녁을 함께했다. "서로 각자의 할 일만 열심히 하면 된다"라며 볼일 있을 때만 만나자던 그의 평소 스타일과는 다른 초대였다. 그야말로 깜짝 이벤트여서 생소했다. 그 자리에서 노 후보는 이렇게 말했다.

"요즘 정치를 하다 보니 누가 대통령이 되더라도 우리나라가 흔들리거나 뿌리째 뽑힐 상황은 아니라는 생각이 들어요. 나 아니면 안 된다는 생각은 결코 갖고 있지 않습니다. 지난 역사에서 죽고 죽이는 권력투쟁으로 정권을 잡은 사람들을 봐도 별로 잘하거나 못한 것도 없어요. 속도의 차이만 있을 뿐 역사는 방향을 갖고 갑디다."

그는 또 2002년 12월 13일 대전으로 이동하는 유세 차량에서 "나는 나라를 위해 나의 모든 것을 바치겠다는 생각이 없다. 내 원칙을 지키는 게 중요하다. 나라나 우주보다 내가 중요하다. 내 인생이 중요하다. 성공한 대통령이 되고 싶지, 실패한 대통령이 되고 싶지 않다"고도 했다. 정치인 노무현을 그대로 드러내는 발언이었다. 생각이 낡지 않았고, 상투적이거나 작위적이지 않았으며, 무엇보다 솔직했다.

"반미주의면 또 어떤가"의 진실

2002년 9월 11일 한 지방대 초청강좌에서 그는 "반미주의면 또 어떤가"라고 말했다. 그건 곧 언론에 크게 보도됐다. 미국을 한 번도 간 적이 없는 점이 마치 대통령 결격 사유가 되는 양 취급되며 많은 세력으로부터 외교 역량을 의심받고 있는 때에 터져 나온 특유의 '야유' '반어' '과장' '독설'이 서린 한마디였다.

그 발언이 나온 현장은 어떤 분위기였을까. 노 후보는 청중의 큰 환대를 받으면서 이렇게 강연을 시작했다.

"(열렬한 박수와 함성) 오늘 분위기 보니까, 원고는 놔두고 따로 이야기하겠다. 해답은 역사에 있다. 역사의 경험이 우리 사상을 정립하는 데 가장 결정적인 기초다. 우리는 '정직해라' 하면서도 정직하면 손해 보는 세상에서 살아왔다. 교과서에는 정직하라고 하는데, 현명한 아이는 정직하면 손해 본다는 데 동그라미 친다. 경험이다. 일제 시대, 6.25 경험한 사람들은 여러분과 생각이 한참 다르다. 다른 역사를 경험했기에 생각이 다른 것이다. (중략) 우리 역사에서 정의의 깃발을 들었던 사람 중 승리하고 그 결과를 자손에게 물려준 역사가 있는가. 훌륭했다, 정의롭게 살았다, 모범적으로 살았다고 한 사람들이 성공하지 못한 게 우리 정치다. 가장 존경하는 김구 선생도 현실 정치에선 패배했던 사람에 불과하다.

최근에 미국 안 갔냐고 물어서 바빠서 못 갔다고 대답했다. 내가 국회 활동을 환경노동위원회에서 했기 때문에 미국에 나갈 일이 없었다. 사우디아라비아 가라고 했는데 별로 할 일 없어서 안 갔다. 국회에서 공짜로 보내주는 것 안 가고 내 돈 들여서 가려 했지만 또 아까워서 못 가고.

미국 안 갔다고 반미주의인가? (뜸을 잠시 들인 뒤) 반미주의면 또 어떤가. (박수) 말하고 나니까 이건 좀 곤란하다. 여러분이야 어떻든 관계없지만 한국의 대통령이 되겠다는 사람이 반미주의면 국익에 큰 영향을 줄지도 모르겠다. 어떻든 그게 중요한 게 아니라는 것이다. 클린턴이 한국 왔다가지 않아도 대통령하는 데 지장 없다. 고이즈미도 마찬가지다.

동북아 질서를 우리가 주도하는 것은 남북관계 성공에 달려 있다. 중국과 일본의 군비경쟁을 허용하면 한국의 선택은 뭐냐. 우리도 군비를 강화할 수밖에 없다. 중국의 인구나 경제력이 너무 막강하다. 일본도 막강하다."

즉흥 연설의 결정판

2002년 10월 14일, 노 후보는 서울 시내 한 교회에서 열린 강좌에 초청되어 원고에 의존하지 않은 채 자신의 생각을 있는 대로 풀어나가는, 특유의 '즉흥 연설'을 했다. 그는 머릿속 정리된 생각에 의지해 현장 분위기에 맞춰 즉흥 연설을 하는 것에 강한 애착을 보였다. 그 많은 연설 가운데 나는 이 연설이 '정치인 노무현의 역사에 대한 안목과 철학'을 가장 잘 담아냈다고 생각한다. 나아가 가장 인상 깊었던 유세의 하나로 꼽는다. 당시 나는 연설 내용을 두 문장짜리 기사로 처리했다. 분량의 제한 탓에 "개혁은 시대정신"이라는 골자의 문장 외에 한 문장을 더하면 그만이었다. 그래서 나머지 한 문장은 데스크에게 욕을 먹더라도 좀 길게 늘였다. 버리기 아까웠고, 독자들에게 어떻게든 노출시키고 싶었던 것이다.

"노 후보는 미국 링컨 대통령의 '점진적 노예해방 및 국가통합정책'과 대원군의 '쇄국정책', 독일 빌리 브란트 전 총리의 '동방정책' 등 역사적 경험을 예시하며 "(지도자의) 가장 중요한 덕목은 역사에 대한 안목으로, 역사의 방향에 못 맞추면 불행해질 수 있다"고 강조했다."

기사에 다 소화하지 못한 당시 연설 내용을 좀 길지만 이 자리에서 옮겨본다.

"기독교인 될 때마다 죄인 같은 마음이다. 제가 아직 믿질 않는다. 하지만 내가 대단히 인상적으로 기억하는 목사 분이 있다. 나치에 저항했던 독일인 목사 마르틴 니뮐러(Martin Neumüller)다. 그는 이렇게 말했다.

'나치가 처음에는 공산주의자를 잡아갔다. 그러나 나는 공산주의자가 아니므로 관심 갖지 않았다. 그 다음엔 노동자를 잡아갔다. 다음엔 신부를 잡아갔는데 역시 나는 공산주의자도, 신부도 아니어서 무관심했다. 그러다 나치가 나까지 잡아가려 할 땐 아무도 도와줄 사람이 없었다.'

나치가 유태인을 탄압하고 전쟁을 일으키고 인류에 대한 범죄를 일으킨 것을 그렇게 적어놓았다. 이 말 꼭 기억하고 있다. 남의 일에 냉담하지 않으려고 노력하고 실천하고 있다.

비록 교회를 열심히 다니진 않지만 하느님, 예수님 뜻을 잘 지키도록 노력하겠다. 2000년 4월 총선에서 종로 버리고 부산에서 출마했다. 사실 종로에서 출마하면 별로 강한 상대도 없고, 당선도 틀림없다고 했으나 생각이 있어서 부산에 갔다. 갈 때는 분위기가 좀 좋았는데, 선거운동 중 옷 로비가 터지면서 점차 물이 차더니 잠겨버렸다.

2000년 6월 15일 남북 정상이 만나서 우리 국민뿐 아니라 전 세계 사람들에게 전쟁 위험을 줄이고 평화 정착 하겠다는 메시지를 줬다. 두 정상의 사진 한 장이 준 안도감이나 미래의 희망은 엄청난 가치가 있다고 생각한다. 그러나 유감스럽게도 그 정상회담 예정 발표가 선거 사흘 전에 있어서 역풍을 일으켜 여론조사에서 10퍼센트 앞섰는데 그만 떨어져버렸다. 좋은 일도 정치가 결합되면 나쁠 수 있구나 생각했다.

당시 출구조사에서 내가 패배하는 것으로 나왔다. 집에 돌아와서 있는데 마음의 동요를 이기기가 참 어려웠다. 그래서 집에 있던 책 한 권을 손에 쥐었다.『세계감동명연설집』이었다. 그중 링컨 편을 읽어봤다. 링컨이 두 번째 취임하면서 한 연설이다. 남북전쟁이 그 뒤 40여 일 만에 끝난다.

보통 정치인이라면 적이 무릎을 꿇었다, 악의 무리는 갔다, 정의는 승리한다, 하는 식으로 간다. 그러나 링컨 연설문에는 그런 말이 없었다. 남부를 적으로 몰지도 않았고 선악, 정복, 승리 이런 말이 없다. 어떻게 우리가 화해할 것인가, 하나가 될 것인가 하는 내용만 있다. 서로 상대를 응징해 달라고 하느님께 기도했으나, 어느 쪽도 하느님은 들어주지 않았다고 돼 있다. 승자로서 저지른 과오를 하느님께 어떻게 용서받을지 성찰한 것이다. 이 문구를 읽는 순간 미국 역사가 한없이 부러웠다.

링컨은 공화당 내에서도 소수파였다. 어부지리로 대통령 후보가 됐다. 그의 기반 지역인 일리노이는 당시 변방이었다. 그는 잇단 낙선 등 실패를 거듭한 사람이었다. 자기 진영뿐 아니라 노예폐지론자, 노예소유주, 전쟁·평화론자들 모두에게서 공격받았다. 비난 속에서 살았다. 11년 뒤 흑인들이 모여서 링컨의 상반신 동상을 하나

세운다. 프레데릭 더글러스라는 노예 지도자가 연설한다.

'링컨은 우둔하고 냉담한 사람이다. 그러나 남북통합·연방 유지와 점진적 노예제 폐지를 실천하는 모습을 보면 빠르고, 열정적이고, 단호했다.'

요즘 여론조사를 해보면, 강력한 지도자를 바라고 있다. 박정희, 전두환 대통령 때 강력했다. 지역 이기주의에 사로잡혀 전부 데모하고 노사분규에 한약분쟁, 의약분업으로 싸우고 하는 일 없었다. 대통령이 마음먹으면 척척 돌아가는, 겉보기에는 그런 정치였다.

사람들은 그 시대로 되돌아가기를 바라는 것 같다. 그러나 나는 결코 거기에 동의할 수는 없다. 민주적인 지도자로서 국민이 마음으로 공감하는 대통령이 나와야 한다. 그런 대통령은 언뜻 약해보이지만 나중에 강력하다.

어떤 지도자가 좋은 지도자인가. 신뢰할 만하고, 공정하고, 성실하며, 그리고 헌신하고 절제하며 책임을 져야 한다. 이 6개를 기본 덕목으로 하되, 소신이 뚜렷해야 하며, 소신을 실천하기 위해 전략적으로 사고하고 판단해야 한다. 또 어떤 선택도 용기와 결단이 있어야 한다. 국민과 함께하는, 설득의 능력도 있어야 한다. 하지만 무엇보다 지도자가 끌어나갈 역사적 방향이 중요하다.

대원군이 양반 사회의 적폐(積弊)를 없애기 위해 과감한 개혁을 했다. 하지만 민중이 역사의 주체로 등장하는 세계사 조류와는 달리 왕권 강화를 위해 경복궁을 중수하는 등 경제적 부담이 큰 결단으로 국민이 피폐해지고 고통 받았다. 더 중요한 것은 서구 문명을 받아들여야 하는데 개방을 거절하고 쇄국정책을 폈기에 우리가 일본에게 지배받는 불행한 역사로 들어가게 된 것이다. 따라서 영특하고 의지가 강할지라도 역사의 방향과 같은 방향으로 가지 않으면 그것은 오히려 민족을 불행하게 만들 수 있다. 결국 중요한 것은 역사를 바라보는 안목이다.

지금 세계사가 어디로 흘러가느냐 하는 미래에 대한 통찰력이 지도자의 가장 중요한 덕목이다. 예가 하나 있다. 독일은 산업화, 민주화에 한발 뒤늦었다. 독일은 유럽의 일원이 아니었다고 할 수 있다. 서유럽과 달랐다. 하지만 독일 청년 아데나워는 유럽은 하나가 돼야 한다고 생각했다. 1917년 아데나워가 20대 시장이 됐다. 어느 교회에서 연설하면서, 유럽은 하나가 돼야 한다고 포부를 밝혔다. 그 후 35년이 흘러 1952년 그는 국가 지도자로서 그가 지녔던 역사적 구상을 실천해 나가게 된다. 프랑스 수상과 손잡고 평화 선언을 한다. 유럽은 그 시기를 전후해서 구주철강석탄동맹('유럽석탄철강공동체'를 말한다), EEC(유럽경제공동체), EU(유럽연합)로 발전하게 된다.

1970년대에는 브란트가 집권해 동방정책을 이어간다. 브란트의 정책은 통일이 아니고 평화였다. 독일에서는 진보집단들이 평화를 말했다. 이것이 동서 화해의 흐름을 만들어냈다. 브란트가 탈냉전이란 흐름의 단초를 제공한 셈이다. 역사를 미리 내다본 것이라고 생각한다. 독일은 오늘날 유럽에서 주도적 역할을 하고 있다. 브란트가 폴란드를 방문했을 때, 제2차 세계대전 때 숨진 폴란드 병사 묘지 앞에서 눈물을 흘리며 기도한 사진이 있다. 독일이 전쟁 통에 이웃 나라에 저지른 범죄에 대해 사과한 것이다. 이전까지 독일은 선진국가가 아니었다. 이 사진이 나가고 나서, 전 세계 사람들이 독일을 다시 보게 됐다. 이후 독일이 이민자들에게 자국민과 똑같은 혜택, 외국인에게 동등한 대우와 인간적 대우를 하고나서부터 일류 국가로 인정받기 시작했다. 일본은 그렇지 못하다.

무릎 꿇고 과거를 사죄하는 모습, 하느님 앞에 겸손해하는 모습이 일류 국가로 끌어올렸다. 이런 점에서 보면 역사적 안목은 인류의 존재와 미래에 대해 신앙적, 철학적 성찰을 통해서 형성되는 것이다. 그저 부국강병책을 부르짖는 지도자가 아니라 인간의 보편적인 가치, 하느님이 추구한 가치를 이룰 수 있는 철학적 소양을 가진 지도자가 중요하다.

그렇다면 한국은 어디로 가야 하나. 전략은 세 가지다. 새로운 동북아 시대를 우리가 주도해서 만들어 가야 한다. 둘째, 중앙과 지방이 골고루 발전하고, 그래서 전국이 다 넉넉하고 활력 있는 국가가 되어야 한다. 셋째, 우리 사회의 시장과 사회·문화의 시스템을 개선해야 한다. (중략) 개혁하면 피곤해지지만, 지금 이대로 가면 안 되기 때문에 바꿔야 하고, 그것이 바로 개혁이다. 개혁은 시대정신이다."

'사람 사는 세상'은 현재진행형이다

    방학 내내 밀린 일기를 걱정만 하다, 하룻밤을 꼬박 새며 써내려 간 느낌이다. 한마디로 취재원 노무현은 『전태일 평전』에 울고 『역사란 무엇인가』를 되새기며 끝까지 『유러피언 드림』의 화두에 매달려 사회 연대(social solidarity)를 동경한 '386' 이었다. 다만, 자신의 존재가 한 개인을 넘어 소중한 역사적 · 사회적 희생과 헌신의 소산이었다는 점을 헤아리며 항상 언행의 불일치와 소신의 비틀림에 고민하고 책임지려 했다는 점에서 일부 '브랜드 386'들과 확연히 비교될 뿐이다.

    그가 떠난 지 1년이 다 돼 간다. 공과(功過)가 교차하고 그림자도 크다. 앞으로 역사는 그 모든 것을 차분히 기록할 것이다. 하지만 적어도 분명한 건 그가 우리 사회가 무작정 덮어둬온 수많은 '불편한 진실'을 세상 밖으로 끄집어내 시끄럽게 토론하고, '다 그런 거지'라는 식의 패배주의와 '좋은 게 좋다'는 대세 순응주의, 뿌리 깊은 기회주의, 그리고 기득권이 만들어놓은 '사고(思考)의 함정'을 끊임없이 깨려 했다는 점이다. 그것과 맞물린 화두 '사람 사는 세상'은 그래서 여전히 현재진행형이다.

    고인이 평소 즐겨 쓰던 언어를 빌린다면, 이제 '이상 더' 담배 한 개비를 기자에게 청하던 그를 볼 수 없다. 취재를 하면서 느껴온 이런저런 '재미도 볼 수가 없다.' '큰 선물을 주겠다' 는 그에게서 더 이상 큰 기사를 '왕창' 선물 받지 못하게 된 지도 오래다. 그걸 다시 기대하는 건 '사리에 맞지 않다.' 이제는 '맞습니다. 맞고요' 라는 성대모사도 잊혀졌다.

하지만 내게는 고인과 함께 한 시간이 늘 소중한 추억으로 남을 것 같다. 이 기회를 빌려 권 여사를 비롯한 유족과 고인의 동지들에게 심심한 위로를 전한다. 아울러 늦었지만 고인에게 생전에 못한 한마디를 하고 넘어가야겠다.

"매번 성실하고 진지하고 진실하게 취재에 응해주셔서 감사했습니다."

'노간지'
그 매혹과 슬픔의
스타일

정윤수

문화평론가, 축구평론가.
오마이뉴스 편집 자문위원과
성공회대학교 겸임교수를 맡고 있다.
저서로 『축구장을 보호하라』
『클래식, 매혹과 황홀』 등이 있다.

강금실 전 법무부 장관에게는 미안한 얘기지만, 보라색은 적어도 경남 진영에서 태어난 어느 소설가에게는 매우 고통스런 빛깔이었다. 노을! 새벽녘이나 저녁에 하늘을 물들이는 그 빛 무리는 이 산하 어디에서나 누구에게나 붉은 빛이다. 그러나 경남 진영의 금병산과 봉화산 사이를 물들이는 그 빛에 대하여 이 소설가는 보라색이라고 썼다. 그리고 아주 단호하게 그 빛을 싫어한다고 썼다.

"대추나무 뒤편 하늘은 벌써 짙은 보라색이다. 나는 보라색을 싫어한다. 손톱에 들이는 봉숭아물도, 닭 벼슬 같은 맨드라미꽃도, 코스모스의 보라색 꽃도 다 싫다. 어머니의 젖꼭지 색깔까지도 싫다. 보라색은 어쩐지 아버지의 하는 일을 떠올리게 해주고 어머니의 피

멍 든 얼굴을 생각나게 한다. 보라색은 또 말라붙은 피와 같고 깜깜해질 징조를 보이는 색깔이다. 옅은 보라에서 짙은 보라로, 그래서 야금야금 어둠이 모든 것을 잡아먹다가 끝내 깜깜한 밤이 온다는 것은 참으로 무섭다."

경남 진영 출신의 김원일이 쓴 단편소설 「어둠의 혼」의 한 대목이다. 소년은 보라색으로 물드는 저녁이 싫었다. 그것은 곧 밤의 징조였고 밤은 삭막한 침묵과 머리칼을 곤두서게 하는 긴장으로 덧칠된 암흑이었다. 또한 그 어둠은 죽음을 향해 직진하는 일방통행로였다.

소설에서는 끝내 한밤중에 순경이 들이닥치고 총성이 울려 퍼진다. 아버지는 쑥대밭이 된 집안을 뒤로 하고 산으로 도망치고 어머니는 지서로 끌려간다. 소년은 소리 죽여 운다. 그때 달은 보라색 하

경상남도 김해시 진영역.

늘에 걸려 있었다. 얼마 뒤 아버지는 체포되어 모진 고문 끝에 싸늘한 시신으로 돌아온다. 소년은 피 칠갑을 한 채 턱이 붓고 입은 커다랗게 벌어진 아버지의 시신을 본다. 어릴 적 매달려 재롱을 떨던 아버지의 넉넉한 가슴은 '그 두려운 보라색으로 변하고' 말았다.

진영, 처절했던 좌우 쟁투의 땅

  나는 진영에 여러 번 가보았고 봉하마을에는 한 번 가보았다. 진영은 밀양에서 창원을 오가는 길에 그 소읍의 문학적 자산을 더듬어보기 위해 찾았고 봉하마을은 노무현 대통령이 퇴임하기 바로 전날, 수많은 시민과 전국 각지의 노사모 회원들이 귀향하는 대통령을 맞이하기 위해 본산리에서 생가가 있는 마을까지 노란 풍선과 펼침막을 내걸 때 가보았다. 꼭 가봐야지! 하는 야무진 생각은 없었다. 그날 오후 김해에서 열린 축구 경기 해설을 마친 후 정말로 그냥 올라갈 수는 없어서 고속도로에 올라섰다가 다시 빠져나와 봉하마을로 들어간 것이다.
  해가 서녘으로 넘어가는 시간이었다. 야트막한 산들을 물들이는 노을을 보았다. 그 색깔이 보라색이었는지는 확실치 않다. 아마도 붉은 노을을 보았을 것이다. 그 빛 무리를 보라색으로 상기할 수 있는 사람은 「어둠의 혼」을 쓴 소설가처럼, 진영 땅의 상흔을 간직한 사람들의 권리일 것이다.

진영은 우선 노무현이라는 '문제적 인물'로 인하여 전국구의 지명도를 갖게 되었지만 그 이전에는 두 명의 문학가로 인상 깊은 곳이다. 문학평론가 김윤식이 그중 한 명이다. 그는 '책'이라는 이름으로 된 공동묘지의 '묘지기'를 자청하여 수십 년을 한국 근대의 정신을 해명하는 데 바쳤다. 그가 1936년 윤삼월에 진영읍의 사산리에서 태어났다. 서울대 정년퇴임 고별 강연 '갈 수 있고, 가야 할 길, 가버린 길'에서 그는 "제가 자란 곳은 마을에서도 떨어진 강가 포플러 숲이었지요. 낮이면 포플러 숲의 까마귀와 메뚜기, 뒤뜰 참새를 벗하며 그들의 언어에 친숙했지요"라고 회상한 적이 있다.

그는 사산리에서 십리 길을 걸어 대창초등학교를 다녔는데 그 몇 년 아래로 소설가 김원일이, 또 그 4년 후배로 노무현 대통령이 다녔다. 그들의 삶이 그러했던 것처럼 진영에서 나고 자란다는 것은 머지않아 부산이나 서울로 떠나갈 운명을 안고 태어나는 것이며 따라서 이 소읍은 지금까지도 부산이나 마산 혹은 김해나 창원 사이의 갈림길 정도가 되는 것이다.

이곳을 무대로 김원일은 단편 「어둠의 혼」을 썼고 이를 내용적으로 확장하여 장편 『노을』을 썼으며 이 전쟁과 분단의 치명적인 상흔들을 불러 모아 대하장편 『불의 제전』을 썼다. 김원일의 이 소설들에 대하여 세부적인 '지정학적' 비평을 한 사람은 역시 진영 출신 김윤식이다.

김윤식은 김원일의 『노을』을 아주 상세하게 읽는다. 예컨대 그는 『노을』에 나오는 철하, 물통걸, 진영 같은 지명에 대해 이렇게 해명한다.

"철하란 '鐵下'의 한글 표기다. 진영이라는 소읍 한가운데를 가로지른 경전남부선(부산—진주)을 두고 그 아래 마을을 지칭했던 것. 그런데 '철상'이란 말이 없고 보면 '철하'란 그곳을 비하해서 부른 명칭임을 알아차릴 수 있다. 이러한 사실을 알아차리는 사람은 첫째 작가 자신이고, 그 다음엔 이곳 출신의 독자들일 터."

그는 진영에 대해 "산기슭에 자리 잡은 작은 마을뿐이었는데, 이 수리시설과 철도 통과로 말미암아 사방에서 뿌리 뽑힌 자들이 모여들었던 것. 일제 강점기에 이미 읍으로 승격할 만큼 발달한 진영에는 단감 생산의 최적지로 판명되어 일인들이 다른 어느 곳보다 많이 몰려들었다. 진영·김해 사람을 빼면 부산 형무소가 텅 빈다는 속설만큼 여기에 모인 주민의 성향을 잘 말해주는 것은 많지 않다. 좌우익 싸움이 유별나게 벌어진 곳"이라고 썼다.

바로 그 '유별난 싸움'을 기록한 것이 김원일 문학의 핵심이고 그것은 노무현 대통령이 장인의 좌익 시비에 대해 '사랑하는 아내를 버려야 한단 말입니까?' 하고 호소했던 그 인연과도 겹쳐진다. 이곳은 농산물이 집약되는 곳이기에 쟁의의 소지가 다분했고 광복 이후 좌우 대립이 격렬했다. 급기야 6.25전쟁 중에는 경남 남부 지역에서는 가장 격렬했던 좌우 쟁투가 벌어졌다. 그리하여 이 지역 사람들의 가계에는 분단 이후 남북 모두에 핏줄을 나눌 수밖에 없는 형편이 되고 말았다.

김원일은 장편 『노을』을 발표한 지 얼마 되지 않아 진영 출신의 어느 변호사로부터 "소설을 잘 읽었다"는 전화를 받았다고 한다. "진영 출신의 변호사가 몇 안 되니 아마 그 변호사가 노 대통령 아닌가" 하고 김원일은 회고한다. 만약 이 회고가 맞다면 그 전화는 단순히 동향 출신의 유명 인사들이 '트고 지내려고' 인사치레를 한 것은 아닐 것이다. 『노을』에 대한, 진영의 슬픔에 대한, 이 한반도의 쓰라린 상처에 대한 공감일 것이다.

금병산은 김원일의 소설에서도 중요한 공간으로 나오거니와, 실제로 그 산에 올라가 보면(산 중턱까지 차오른 아파트 군락지를 벗어나서) 진영읍을 두 팔로 끌어안고 가만히 위로하고 있는 형상이 된다. 그 중턱에 흡사 김원일과 진영 사람들의 '유별난 싸움'과 그 상흔을 압축한 듯한 문학비가 서 있다. 김윤식이나 김원일 혹은 노무현 대통령이 어린 시절에 불렀을 대창초교 교가는 '금병산 이상봉은 하늘에 높고 희망에 넘치는 넓은 진영 들'로 시작한다. 소설 『노을』은 금병산과 봉화산에 대한 멀미나는 묘사로 끝난다. 이 마지막 대목에 이르면 왜 김원일이 진영을 물들이는 노을을 붉은 색이 아니라 수많은 색, 특히 보라색으로 묘사했는지 짐작할 수 있다.

"노을은 산과 가까운 쪽일수록 찬란한 금빛을 띠고 차츰 거리가 멀어질수록 보라색 쪽으로 여리어져, 노을을 단순히 붉다고만 볼 수

퇴임 하루 전 봉하마을의 대통령 생가(위, 복원 전)와 노을이 진 모습(아래).

ⓒ 정윤수

는 없었다. 자세히 보면 그 속에는 여러 가지의 색이 교묘히 섞여 있음에도 불구하고 사람들은 노을을 붉다고만 말한다. 진노란색, 옅은 푸른색, 회색도 저 속에 섞여 있지 않은가. 그런데도 세상 사람들은 그렇게 무엇인가 한 가지로 뭉뚱그려 구별지어버리기를 좋아하는 것일까."

보라색 노을 속 종이비행기

나는 2008년 2월 24일 저녁 봉하마을에 서 있었다. 다음 날 노무현 대통령이 퇴임하여 귀향하기로 되어 있었다. 꽤 많은 사람들이 노무현 대통령을 맞기 위해 분주히 오가고 있었다. 아무 일도 하지 않으면서 생가와 환영식장 부근에 머물기 쑥스러워서 도로 건너편, 화포천의 지류가 흐르는 둑방으로 갔다. 거기는 잠시나마 머무를 만했다. 생가와 사저와 환영식장이 다시 눈에 들어왔고 그때 그 정경들은 붉은 노을의 위로를 받고 있었다. 서녘으로 눈을 돌리니 노을이었다.

그 순간에 봉화산을 보았던가. 진영이나 봉하마을이라는 지명은 그 무렵의 수많은 뉴스에 의하여 익숙해지긴 했지만 봉화산은 그때만 해도 선명치 않았다. 그 무렵에 잠깐 훑어본 야트막한 산들 중에 무엇이 봉화산인지 그때나 지금이나 제대로 가늠할 수 없다. 어렴풋

진영 금병산 중턱에 선 김원일 문학비.

이 기억날 뿐이다. 그 운명의 산과 바위는 1년 3개월이 지난 다음에야 긴급 뉴스 화면 속에서나 보게 되었을 뿐, 그때 나는 다만 서녘의 노을을 보았고, 김원일이 『노을』의 끝에 쓴 인상적인 문장도, 곧 들이닥칠 비극이 아니라, 과거의 상흔을 더듬는 자맥질이었던 것이다.

"문득 아버지와 헤어져 봉화산에서 내려왔던 저녁이 생각났다. 장마 뒤끝이라 노을이 유독 아름다웠다. 폭동의 잔재도 완전히 소멸되고 백태도 기수도 죽고 없는 텅 빈 넓은 장터 마당에서 절름발이 미송이만이 홀로 종이비행기를 날리고 있었다. 제대로 걷지를 못하므로 하늘을 날고 싶은 꿈만 키워온 병약한 미송이, 그날따라 그가 날려 올리는 종이비행기가 아주 유연하게 포물선을 그리며 노을빛 고운 하늘을 맴돌았다."

광화문에서 수난곡을 듣다

소설 『노을』은 "그의 눈에 비친 하늘은 분명 어둠을 맞는 핏빛 노을이 아니라 내일 아침을 기다리는, 오색찬란한 무지갯빛이리라" 하고 끝이 난다. 그러나 그 아침의 '오색찬란한 무지갯빛'은 이 지독한 현실에 어쩌다 그 기막힌 아름다움을 드러낼 뿐이다. 오히려 '어둠을 맞는 핏빛 노을'로 더 자주 다가왔을 것이다. 적어도 지금 2010년의 현실은 가히 '핏빛 노을'이라고는 할 수는 없어도 그 어둠이 슬그머니 온 마을을 엄습하는 듯한 형국이 되고 말았다.

지극히 개인적인 경험을 말해도 된다면, 나는 그것을 2004년 3월 17일 저녁에 좌석버스가 울퉁불퉁한 도로에서 크게 뒤틀리면서 '어둠의 혼'을 느낀 적이 있다. 그해 봄은 노무현 탄핵 정국이었다. 그날 나는 세종문화회관에서 4시간 동안 〈마태수난곡〉을 듣고 있었다. 이 대곡은 멀쩡한 사람도 깊은 슬픔에 사로잡히게 만드는데 하물며 탄핵의 소용돌이에서랴. 3월 12일 국회의 탄핵소추안 가결로 노무현 대통령의 직무는 정지되었고 거리는 탄핵 반대의 물결로 뒤덮이기 시작했으며 나는 청승맞게도 그리고 한가롭게도 〈마태수난곡〉이나 듣고 앉아 있었다.

그 대곡은 세 겹의 은유, 그러니까 수난 받는 예수의 상황과 견실한 음향적 축성으로 거룩한 기도를 올리는 바흐, 그리고 탄핵소추안 가결로 일순간에 직무가 정지된 대통령의 상황을 떠올리게 했다.

1곡 '오라 딸들아 와서 나를 슬픔에서 구하라'를 시작으로 68곡 '우리들은 눈물에 젖어 무릎 꿇고'로 끝맺는 4시간의 드라마, 감람산에서 골고다로 이어지는 예수의 마지막 생애, 인간적 수모와 정치적 탄압과 고통스런 배신 속에서 십자가의 처형에 이르는 인간 예수의 고뇌, 아리아와 합창이 교직하면서 천상의 은총과 저주의 언어가 흉흉하게 맞부딪쳐 내는 파멸과 부활의 이중주는, 세종문화회관 바깥의 상황을 자주 환기시켜주었다.

공연이 끝나고 세종로의 긴장도 주말의 대집회를 예고하며 잠시

숨을 고른 상태가 되었다. 몇몇의 동행과 담배를 나눠 핀 후 집으로 가는 심야 버스에 올라 한참을 가는데 갑자기 천둥소리가 들리고 빗줄기가 차창을 두들겨댔다. 조금 전에 들었던 〈마태수난곡〉의 27곡 '번개여 천둥이여 구름 사이로 사라졌는가, 파괴하라 분쇄하라, 삼켜버려라, 당장의 분노를 터뜨려라' 하는, 그런 인상의 빗줄기라고 하면 과장일까. 버스에서 내릴 무렵 비는 멈추었고 나는 그 순간 기필코 주말에는 광화문으로 나가겠다고 결심했다.

'거들먹거리는' 세력과의 상징 전쟁

이러한 기억과 기록이 혹시 '감정 낭비'와 자칫 일그러지기 쉬운 '신비화'가 되는 것은 아닐까, 그런 염려를 해본다. 확실히 그런 측면은 있을 것이다. 그것을 억제하기 위하여 나름 말들을 고르고 있지만 「어둠의 혼」과 『노을』과 〈마태수난곡〉과 '추모 1주기'라는 단어들 사이로 떠도는 공기의 무게를 내 서푼어치 깜냥으로는 좀처럼 억누르지 못하고 있는 것이다.

다만, 고백하고 싶은 것은 〈마태수난곡〉 이후 아니 바로 그 시점의 탄핵 이후 나는 확실히 노무현 지지자가 되었다는 점이다. 상대방도 모르게 오랫동안 키워온 사랑을 덜컥 고백하는 심정인데 그 이전만 해도 나는 오랫동안 민주화 운동에 직접적으로 헌신해온 서울 강북의 어느 정치인을 지지했었다. 노무현 후보가 당내 경선을 통해 대선 후보로 확정된 후 좀 더 깊은 관심을 가지긴 했으나 당선된 후에는 오히려 '비판적' 혹은 '냉소적' 지지로 한걸음 물러선 참이었다.

그러나 이 모든 것을 탄핵이 뒤바꿔버렸다. 그것은 노무현 개인에 대한 탄핵이 아니라 이 사회의 자칭 주류이자 보수이자 부분적으로 극우인 세력들이 그 반대편의 "흠집 많은 인간의 혼란, 땀과 연기에 찌든, 백합 향기와 오줌 냄새를 맡는, 음식 자국과 죄에 물든, 낡은 옷처럼, 주름진 육신"(파블로 네루다)의 인간들을 향하여 탄핵을 시도한 것이다. 그 '흠집 많은' 인간 군상에 속하는 나로서는 나 자신을 구원하기 위해서라도 광장으로 나가지 않을 수 없었던 것이다.

나는 고교 1학년 때 공들여 쓴 갱지 십여 장 분량의 반성문을 학생부장이 단 한 줄도 읽지 않고 쓰레기통에 처넣어버린 후로 단 한 번도, 진짜로 단 한 번도 근사하게 차려입고 어깨에 힘준 채 검은 관용차 타고 늦게 나타나 멀쩡한 마이크를 (마치 관료는 그러해야 한다는 듯) 두어 번 두드리면서 '에, 또, 마……' 하는 족속들을 단 한 번도 부러워하지도 존경하지도 신뢰하지도 않았다. 그런데 바로 그런 부류들에 의하여 '흠집 많은' 한 인간이 탄핵을 당하였을 때 그것은 내 자신이 모욕당한 것과 같았다. 이것은 부정할 수 없이 매우 감정적인 진술이다.

나는 경북 영주 순흥에서 태어났는데 내 고향 어른들이 부드럽고 겸손하게 나누는 사투리에서는 한없이 아득한 사랑과 가난한 사람들의 존엄한 기품을 느끼지만 그 지역 출신의 권세가들이 일부러 느릿하게 말꼬리를 잡아끌면서 '에, 또, 이게 마……' 할 때는 차라리 부끄러움을 느껴왔다.

그 권위주의가 이 한반도의 수십 년 역사를 비틀어왔고 그와 같은 음흉한 관료주의와 비릿한 지배 언어와 갑각류처럼 딱딱히 굳어버린 문화 관습들이 지금도 초등학교 '애국' 조회와 민방위 훈련과 청소년 극기 훈련장과 기업 임원회의와 각종 공직선거 행태를 관장하고 있다. 그 서열 문화, 그 가부장 문화, 그 느끼하고 지저분한 냄새가 진동하는 관료 문화가 탄핵을 주도하고 성사하였을 때 나처럼 '흠집 많은' 인간이 해야 할 일은, 당연히 광화문으로 나가는 것이었다.

인터넷을 검색하면 '노무현 연설 — 부끄러운 줄 알아야지' 라는 동영상을 찾아볼 수 있다. 거기에는 노무현 대통령이 "자기 군대 작전 통제도 제대로 할 수 없는 군대를 만들어 놔놓고, 나 국방장관이오, 나 참모총장이오, 그렇게 별들 달고 거들먹거리고 말았다는 것입니까?" 하는 대목이 나온다. 나는 전시작전권 통제에 대해 문외한이고 따라서 단 한마디도 덧붙일 게 없는 사람이다. 그러나 '거들먹거린다' 란 표현에 대해서는 정말로 가슴이 울컥해진다.

그 얼마나 오랜 세월 동안 그 얼마나 많은 사람들이 '거들먹거리면서' 이 사회의 정치 · 경제 · 사회 · 문화 전 분야를 억눌러왔던가. 최근에도 '원 포인트 사면'을 받은 어느 기업인은 소감을 묻는 기자들에게 "대한민국이 정직했으면 좋겠다"고 했다. 도대체 어떻게 이런 발상과 발언이 가능하단 말인가. 이 후안무치한 거들먹거림에서 나는 정말로 참담함을 느낀다. 교육 권력의 지존이었던 공정택 전 교육감의 그 거들먹거림은 차라리 비속하고 천박하여 애처로움을 자아낼 정도다. 이와 같은 '감정의 지배'(혹은 지배적 감정)가 완강한 때에, 너무 이른 나이에 반성문을 수차례 쓰는 것을 시작으로 문필업에 종사하게 된 나로서는 한 뼘이라도 '감정 민주주의'를 넓히고자 했던 노무현 대통령을 지지하지 않을 수 없었다.

임기 초 '검사와의 대화'에서 어느 검사가 '토론의 달인'이라는 표현을 썼을 때 그 순간 그의 얼굴이 굳어진 것을 나는 기억한다. 그때 노무현 대통령은 진실로 모욕감을 느낀 듯했다. 아니 모욕감 정도가 아니라 그 자신의 생애가 송두리째 부정당하는 참담함, 그것이었다. '토론의 달인'이란 표현은 흔들림 없는 원칙이나 가치 지향 대신 상대방의 약점이나 말꼬리를 잽싸게 잡아채서 궤변이나 능변이나 달변을 현란하게 구사하는 것이며 이것은 이 세상을 수십 년 동안 구워삶아온 교언영색의 세력에게나 어울리는 표현인 것, 노무현 대통령은 그것을 혐오하였다.

그렇게 수십 년을 거들먹거려온 세력들이 노무현 대통령의 말투와 옷차림을 두고 시시껄렁하게 비난할 때 나는 부잣집 여자아이의 생일 파티에 초대받은 소년처럼 심한 모멸감을 느꼈다. 이것은 필시 건강한 정서는 아니다. 그러나 그 순간 소년은 어떻게 해야 하나. 그들이 노무현 대통령의 언행을 문제 삼은 것은 결코 사소한 시비나

꼬투리 잡기가 아니다. 그들로서는 도저히 용납할 수 없는 사람이 자신들의 철옹성을 뒤흔들고 있음을, 그들은 노무현 대통령의 언행으로 느꼈던 것이고, 그 언행을 문제 삼음으로써 일종의 '상징 전쟁'을 벌였던 것이다.

나는 그래서 내 친구들이나 가족들이 대통령의 언행에 문제가 있지 않느냐고 했을 때, 누군가 일간지에 그 같은 칼럼을 썼을 때, 나는 내가 할 수 있는 방법(언쟁, 외면, 연락 끊기, 반박 칼럼 등)을 총동원하여 그와 같은 '상징 전쟁'에서 물러서지 않았다.

나는 노무현 대통령의 정책에 대해 식견이 없고 그의 정치적 안목에 대해 할 말이 없다. 그러나 실로 문제 있는 언행 집단이, 그때나 지금이나 검은 관용차에 검은 양복 입고 일부러 마이크 쳐가며 개회사 · 환영사 · 격려사 · 치사 · 답사 같은 것을 도맡고 온갖 번드르르한 것들을 수십 년 누려온 저 '거들먹거리는' 자들이 노무현의 언행을 문제 삼는 것은, 결코 가벼운 말싸움이 아니다. 삶 전체가 걸린 상징 전쟁이었던 것이다.

그런 사람이 이제는 없다

어쩌면 정책은 협상 테이블의 메뉴가 될 수 있다. 가치? 그것도 전술에 따라 칼집에 잠시 넣어둘 수 있다. 그러나 정서! 그것이라면 얘기가 달라진다. 그것은 한 인간의 생애가 농축된 것이다. 그것으로 인하여 그만의 스타일이 완성되는 것이다. 이 스타일은 무슨 근사한 패션 감각이 아니라 한 사람의 가치와 정서를 농축한 생활 양식이다. 걸음걸이와 말투와 웃음과 농담과 손짓은, 한 인간의 성장 과정과 지향하는 가치와 교육, 성격과 문화 취향을 고스란히 보여주며 동시에 그 어떤 결함을 가리고자 하는 한 인간의 간절하면서도 '미숙한' 연기까지 어김없이 노출시키는, 외부로 노출된 내부, 곧 한 인간의 세계 전체인 것이다. 저마다의 스타일에 의하여 우리 모두는 서로 다른 단 한 명의 존립자가 되는 것이다.

그리고 사람들은 그것으로 서로 공명한다. 공명이란, 그것을 그 자신의 정서로 내면화한 사람이 진실로 울컥해지고, 아랫입술을 꾹 물고 애써 참아가며 가만히 손을 맞잡아주는 울림인 것이다. 가난한 사람들의 깊은 슬픔과 그것이 자아내는 슬픈 소리(음악이 아니라 소리, 그러니까 삶의 심각한 찰과상에 의한 땅이 꺼질 듯한 한숨과 윗니로 질끈 누른 아랫입술 사이로 새어나오는 신음과 마침내 올가미에 걸린 노루처럼 밤새 꺼억꺼억거리는 울음들)에 아무나 쉽게 공명하고 울어주지는 못한다. 그 정서와 스타일은 시장판에 나가 기자들 불러놓고 떡볶이를 먹거나 선거 포스터에서 억지로 연출하여 얻어지는 것이 아니다. 삶 전체가 온전히 막막한 어둠 속에, '보라색' 슬픔 속에 놓여 있어서 한사코 그것을 밀쳐내려 하지만 결국 그것을 마음 깊숙한 곳의 상흔으로 받아들이고 평생 그것을 다스리고 위로하며, 겨우 견뎌낸 사람들이 한숨 한 번 내쉬며 이윽고 나누게 되는 애틋한 눈물이다. 그 눈물은 쉽게 흉내 낼 수 없는 진실로 짜디짠 액체이다. '붉은' 노을이 아니라 '보라색' 노을을 볼 수 있는 사람, 그런 노을 밑에서 성장한 사람만의 몫이다.

'노간지'라고도 하던가. 나는 '노무현 스타일'을 결코 잊지 않는다. 이제는 그 누구도 그와 같은 스타일을 갖고 있지 않다. 그와 같은 정서와 눈물을 가진 사람이, 그것이 농축된 스타일의 정치인이 없기 때문에 그와 같은 스타일은 결코 재연되지 않을 것이다. 어쩌면 우리는 우리의 가난한 서정과 그 서정에서 길러진 애이불비(哀而不悲)의 위대한 연대와 그 연대에 의해 형성되는 진실한 마음의 울림이 불가능한 시대를 살아가고 있는지 모른다.

거의 유일하게, 그 애틋한 눈물을 진심으로 흘릴 수 있었던 사람. 그가 1년 전에 자연의 다른 한 조각이 되어 우리 곁을 떠나갔다. 진실로 슬픈 것은, 그런 사람이 이제는 없다는 것이다.

더 많은 꿈을
꾸어야 하는
이유

정혜윤

CBS 라디오 프로듀서. 『침대와 책』
『그들은 한 권의 책에서 시작되었다』
『세계가 두 번 진행되길 원한다면』 등
여러 권의 독서기를 펴냈다.

고 노무현 대통령, 어쩌다 그를 이렇게 부르게 되었을까? 그가 침묵하고 우리가 말하는 사이가 아니었으면 좋았을 것이다. 원래 그는 이렇게 대화하는 사람이 아니었으니 말이다. 하지만 이것도 그와 우리 사이의 새로운 의사소통법일 수 있다. '하나의 일을 이해하려면 그 반대의 일을 경험해봐야 한다'고 한다. 이 말이 진리라면 우리는 그의 생과 사를 통해 무엇을 이해하게 되었는가?

나는 노무현 대통령을 세 번 인터뷰했다. 대통령이 되기 전, 실패할 것이 예견되는 정치 실험을 하고 있을 때였다. 그때는 그가 대통령이 될 줄 꿈에도 몰랐다. 그는 뻔뻔한 자부심보다는 자존감이 강한 사람이었다. 그것은 평범한 정치인들에게는 잘 볼 수 없는 모습이었다. 그는 강렬히 원하는 목표가 있어도, 그것을 절실히 원한다

해도, 수단과 방법을 가리지 않고 덤벼들 사람으로는 보이지 않았다. 그는 아양을 떨지도, 비위를 맞추지도 않을 것이다. 그런데 바로 그 점 때문에, 용기와 배짱 때문에 그가 수없이 패배를 겪을 거라는 예감이 들었다. 그래서 인터뷰 전에 이런 질문을 던졌던 게 기억이 난다.

"칠종칠금(七縱七擒) 이야기 아세요? 맹획이 제갈량에게 일곱 번 잡혔다 풀려났다가 또 잡히는 삼국지 속 이야기 말이에요. 맹획이 되고 싶은가요? 제갈량이 되고 싶은가요?"

"아, 맹획이지요."

나는 솔직히 맹획이 되고 싶다는 그의 말에 호감을 느꼈던 것 같다. 하지만 그는 스쳐 지나가는 정치인일 뿐이었다. 우리는 모두 정치인들을 스쳐 보내는 방법을 알고 있다. 정치인들에 관해선 그 당시 우리 대부분은 지독한 회의론자들이었다. 그러고 나서 그는 대통령이 되었고, 지지도 받았지만 모욕도 당했다.

누군가를 사랑하고 싶었던 건 아닐까?

그리고 나는 빈소에 가게 되었다. 대한문 앞 하늘에 노란 등불이 올라가던 밤이었다. 지금 이 글을 쓰면서 그 밤을 생각하니 많은 것들이 혼란스럽다. 노란 등불이 올라갈 때 우리는 박수를 쳤던가?

"잘 가세요" 소리를 질렀던가? 저마다의 영혼으로 기도를 했던가? 뭔가 맹세를 했던가? 울기도 했던가? 자책했던가? 모두가 하늘을 봤는지, 모두가 아무것도 보지 않았는지, 모두가 그의 인생의 성공과 실패 위에 드리워진 각자 삶의 무게들을 보았는지, 모두가 갑자기 손을 잡았는지, 그저 그런 사이였던 사람들이 가까워졌는지, 모두가 정치적이었는지, 모두가 실존적이었는지.

하지만 한 가지 감정만은 분명했던 것 같다. 우리는 그 밤 모두 사랑하는 사람들이었다. 그런 것이 있다면, '집단적 영혼'이 탄생하는 순간이었을지도 모른다. 나는 한참을 빙빙 돌다가 집으로 가기 위해 택시를 잡았다. 칠순에 가까운 기사 분이 모는 택시였다.

"우리 택시 기사들은 빈소에 거의 매일 갈 수도 있어요. 새벽 세 시에 빈소 가까이에다 차를 세워 놓고 묵념을 할 수 있으니 이 직업도 괜찮지요? 우린 줄 설 필요도 없다니까요."

"택시 기사 직업이 좋은 이유를 평생 들어왔지만 그중에 가장 새롭네요. 한밤에 조문하기 쉽다, 기억해 둘게요."

그렇게 우리는 많은 이야기를 나누었다. 기사 할아버지는 매일매일 빈소에 들렀다가는 사람들을 그들의 집으로 실어다주면서 한 가지를 깨닫게 되었다고 했다.

"살다 살다(군대도 가고 사우디에도 가보고 조기 축구회도 해보았지만) 그렇게 자발적인 사람들은 처음 봤어요."

그리고 그렇게 자발적인 사람들을 며칠씩 보고 나니 이런 생각이

들었단다.

"우리도 누군가를 굉장히 사랑하고 존경하고 싶어 했던 것 아닐까……."

'우리도 누군가를 사랑하고 싶었다. 누군가를 존경하고 싶었다.' 그런 것이었단 말인가? 우리를 움직이게 했던 것이 바로 그런 것이었단 말인가? 우리가 어쩌다 나 아닌 다른 사람을 위해 눈물을 흘리고, 몇 시간씩 줄을 서게 되었을까? 그러니까 현 대통령이 미워서라거나 한 개비 담배 같은 것이 우리의 정서를 신파처럼 자극해서가 아니라, 바로 우리 안의 고결하고 선한 의지 때문에 우리가 움직였

2009년 5월 24일 덕수궁 대한문 앞 시민 분향소.
시민들이 줄지어 분향을 기다리고 있다.

단 말인가? 나는 이 말을 들으며 하늘로 올라간 노란 등불을 떠올렸다. 누군가 실현되지 못한 한 사람의 꿈을 애도하며, 또는 한 사람이 살아 온전히 이해받기가 얼마나 어려운가를 생각하며 띄웠을 그 노란 등불 말이다.

우리는 그에게 인색했고, 난폭했다

그 밤, 나는 집으로 돌아와 한 편의 글을 썼다. 그것은 적막한 도시, 이상한 분리로 가득 찬 도시, 국화를 든 조문객들과 그들을 둘러싼 두 겹 전경 버스의 분리 같은 그런 기이한 분리가 가득한 도시에 대한 이야기였다. 그리고 바로 그 분리 때문에 우리에게는 불가능한 사랑 이야기가 더 많이 필요하다고, 그것이 노란 등불이 내게 주는 메시지라고 썼다.

누군가를 상실했다는 것, 그것은 비극이다. 그런데 그 상실이 빛이 될 수도 있다. 나는 그것을 믿는다. 그래서 알베르 카뮈는 '메마른 합리주의에서 벗어나는 수단은 인간의 마음속에서 비극적 영혼을 소생시키는 것이다' 라고 했을지 모른다.

우리의 상실, 우리의 이별에도 아직 희망이 있는 것일까? 그건 가능하다. 추모 기간 동안 우리들은 사랑하는 사람이었으니까. 세상을 떠난 사람들이 갖고 있는 단 하나의 이미지, 슬픔이 우리에게 말을 건다. 우리는 더 이상 불행해할 필요가 없고, 대신 무엇인가 만들어내면 된다. 죽어 떠나간 사람들의 부재도 우리에게 말을 건다. 부재를 존재로 만들기 위해, 불가능해 보이는 사랑 이야기를 기다리고 있다고. 나는 죽음 앞에서 다시 한 번 (대통령이 되기 전처럼) 비상히 강해졌을 그의 의지를 생각해 본다. 그의 의지, 죽음 앞의 의지, 죽어서 살려고 했던 의지, 죽어서 표현하고자 했던 그 의지는 소생하고 재구성될 수 있다. 우리는 다시 사랑하고, 그리하여 그를 진정으로 떠나보낼 수 있다.

퇴임 후 그는 '우공이산(愚公移山)'이라는 고사성어를 봉하마을 그의 집에 걸어두었다. 우공이산이란 무엇인가? 90살 먹은 우공 노인이 산을 옮기기로 결심한 이야기다. 주변 사람 모두가 터무니없는 이야기라고 하자 우공 노인은 나에게는 아들이, 그 아들에게도 아들이, 또 그 아들이 있다고 말했다. 누군가의 꿈 또는 의지는, 명사가 아니라 한없는 이름과 행위로 연결되는 동사라는 생각이 든다. 누군가 꿈을 꾸고, 내가 받아 다시 건네주는, 바로 그 행위 말이다.

그래서 노무현 대통령을 생각하며 글을 쓰는 지금, 나는 회한에 젖어 있지는 않다. 차라리 우리를 어리둥절하게 할 만큼 흔들렸던 그의 정책들과 참여정부 시대—이라크 파병, 천성산 고속철도 공사, FTA, 대추리—에 대해 생각하고 있다는 편이 옳다. 많은 문제들을 어떻게 풀어나가야 할지 몰랐기에 우리는 그에게 인색했고, 난폭했고, 조급했고, 저열하기까지 했다. 부엉이바위가 희생 제단이 되기 이미 오래 전, 우리는 그의 희생을 요구했다.

노무현 대통령은 죽기 전에 『성공과 좌절』이란 자서전을 썼다. 미완의 자서전이었다. 끝맺지 못한 생각들로 가득한 메모 같은 글들이 많았다. 하지만 끝맺음 있는 생각들이 또 어디 있겠는가? 완전 종결되는 꿈이 어디 있겠는가? 그는 시민으로 다시 태어나고 싶다고 썼다. 그는 시민 사회에 희망을 걸었다. 그는 미완의 자서전에서 '원칙'이란 단어를 무척 자주 썼다. 그리고 죽음에 임박한 마지막 순간에는 '우공이산'이라는 고사성어를 벽에서 떼어냈다. 그 '우공이산'을 다시 벽에 거는 일은 정치인들이 아니라 우리 몫이다.

우리에게 희망이 있는 것일까?

노무현 대통령이 죽기 직전에 읽었던 책 중에 『유러피언 드림』이 있다. 제러미 리프킨은 아메리칸 드림과 유러피언 드림을 이렇게 비교하고 있다.

"아메리칸 드림은 성공하기 위해 개인에게 주어지는 무한한 기회를 강조한다. 미국인들에게 성공이란 주로 물질적인 부를 의미한다. 아메리칸 드림은 개인의 물질적 출세를 지나치게 강조하고 리스크, 다양성, 상호 의존성이 증가하는 세계에 걸맞은 더 넓은 사회 복지에는 관심을 두지 않는다. 반면 새로운 유러피언 드림이 태동하고 있다. 유러피언 드림은 개인의 자유보다는 공동체 내의 관계를, 동화보다 문화적 다양성을, 부의 축적보다 삶의 질을, 무제한적 발전보다 환경 보존을 염두에 둔 지속 가능한 개발을, 무자비한 노력보다 온전함을 느낄 수 있는 심오한 놀이를, 재산권보다는 보편적 인권과 자연의 권리를, 일방적 무력 행사보다 다원적 협력을 강조한다."

아메리칸 드림에 대해선 우리도 어느 정도 알고 있다. 왜냐하면 '근면, 성실, 정직'은 어느 학교에나 걸려 있는 급훈이었고, 흔해 빠진 『리더스 다이제스트』 같은 잡지에서 카네기 '성공론'을 읽었고, 그리고 일찍 일어나는 새가 벌레를 잡는다는 말을 자나 깨나 듣고 있기 때문이다. 99퍼센트의 노력과 1퍼센트의 운이라는 말, 세상에 공짜는 없다는 말, 잘 먹고 잘살자는 코리안 드림에 우리는 여전히 사로잡혀 있다. 하지만 우리는, 이 아메리칸 드림이 얼마나 가짜인지도 잘 알고 있다. 용산 사건, 강남과 강북의 교육 불평등은 말할 것도 없고 심지어 여대생들의 다이어트와 성형 열풍에서도 아메리칸 드림의 흔적을 본다.

아메리칸 드림의 세계는 강한 자에게 혜택을 주고 약한 자를 불리하게 한다. 개인에게 일어난 모든 일은 그 개인이 감당해야 한다는, 운명까지도 내가 책임진다는 확고한 책임 의식은 충분히 아름다울 수도 있었지만, 부의 축적이나 개인적 성공이라는 좁은 목표를 추구했기 때문에 배타적이다.

하지만 유러피언 드림의 세계에서 시민의 행복은 '재참여와 재결합의 깊이'에 달려 있다. 재참여란 무엇인가? 깊은 공감 속에서 다른 존재에 개인적으로 접촉하는 것을 의미한다. 이 세상에서 중요한 경험이 있다면 그것은 공감적 경험이다.

그의 죽음을 다시 생각해본다. 우리를 지배했던 아메리칸 드림과 코리안 드림을 생각해본다. 개인의 행동과 선택이 이 세상의 다른 존재에게 어떤 영향을 줄 수 있다는 것을 깊이 숙고하는 사회, 내가 갖고 있는 것을 주어진 권리처럼 배타적으로 행사하지 않는 사회, 집단적 희생양을 만들지 않는 사회, 타인의 불행에 어떻게든 나도 관련되어 있음을 생각하는 사회, '무질서보다는 불의가 낫다'고 외치지 않는 사회, 언젠가 올 유토피아를 결코 포기하지 않는 사회. 이런 사회는 가능한가? 그런 일은 불가능하다고 생각하는 순간, 무기력한 우리 앞에 미래는 없다.

'시간 여행자'가 찾아온다면

이런 상상을 해보자. 미래에서 '시간 여행자' 한 명이 우리를 찾아온다. 그리고 이런 말을 남긴다.

"당신들은 우리를 저버릴 수 있겠지요. 미래가 없는 듯이, 주어진 삶의 시간 동안 싸우지 않을 수도 있겠지요. 당신 시대의 사람들, 어

재임 시절 청와대에서.

느 누구도 싸우지 않을지도 모릅니다. …… 하지만 우리는 싸워야만 존재하고 또 존재를 유지할 수 있으며, 일어난 미래가 될 수 있습니다. 우리가 당신들을 찾아온 건 바로 그 때문입니다."

유토피아, 혹은 미래에서 온 시간 여행자 따위를 믿지 않아도 된다. 하지만 우리가 꼭 믿어야 할 것이 있다. 그 누구에게라도 "우리 자신과 우리의 현재가 없다면 그들이 속한 미래는 존재하지 않는다"는 것이다.

대통령의 삶과 죽음, 성공과 좌절, 그리고 그가 마지막 순간까지 꾸었던 꿈을 생각하며 그가 남긴 것의 무게에 새삼 놀라게 된다. 한때 우리에게 동정심, 따뜻한 마음, 권태와 무기력을 이겨내려는 마음이 있었음에 안도하게 된다. 그리하여, 뭔가 다시 시작해볼 수 있다.

노짱의 춤을
본 적이 있는가?

하어영

『한겨레』 사회부, 문화부를 거쳐
지금은 『한겨레21』 사회팀 기자로 일하고 있다.

딛는 발걸음보다 떼는 걸음에 힘이 실린다. 오른 어깨가 살짝 들린다. 카메라 셔터 소리에 리듬을 타듯 걸음걸음이 선선하다. 대검찰청 소환으로 서울 서초동으로 향하는 무거운 발걸음이 왜 가벼운 춤사위처럼 보였을까? 비극의 예고편을 보면서도 내 눈에는 그의 몸짓이 특유의 활달함을 미처 떨치지 못한 것처럼 보였다.

이별한다는 것, 더군다나 '잘' 헤어지는 법을 터득하기란 쉽지 않다. 목 놓아 울어야 하는 건지, 난 자리 표시나지 않도록 주변부터 돌봐야 하는 건지, 그 떠난 모습이 눈앞에 가려 앞길 가늠하기가 쉽지 않다. 그래서다. 노무현 대통령의 1주기를 맞이하며 그를 떠올리는 사람들의 언사는 그의 죽음보다 때론 더 비장하고 황망하다. 실체 없는 구애도, 대상 없는 집착도 흔하다. 정처 없는 말들에 기대 그를 떠나보내는 것은 헛헛함의 연속일 뿐이다.

지나간 시절의 사진을 뒤적이고 영상을 돌리고 되돌린다. 5공 청문회 때 그의 표정은 날선 칼날 같았다. 2002년 대통령 선거 광고 방송에서 양희은의 〈상록수〉를 부르는 모습은 결기로 넘쳐난다. 그는 그때 왜 댄스곡을 부르지 않고 "저 들에 푸르른 꽃잎을 보라"고 했을까. "야~ 기분 좋다"고 외치던 마지막 공식 연설도 허허롭기는 마찬가지다. 그날의 웃음기는 이제 다 휘발됐다.

한 번 보면 반하지 않을 수 없다

내가 아는 유쾌한 남자 노무현, 그를 그답게 떠나보내는 법은 무엇일까? 나는 한 걸음도 나아가지 못하고 방황했다. 그저 그의 발가락 양말과 손녀를 태우고 달리던 자전거에 자꾸 눈이 멈춘다. 노짱을 상징하는 이런 이미지는 여전히 마음을 먹먹하게 만들고 버겁기만 하다. 그 해맑은 미소조차 이제 진중하게 흐르는 음악에 갇혀 안타까움을 더할 따름이다.

그를 생각할수록 마음은 끊임없이 침잠해 간다. 내 마음의 고통을 얻어 들은 걸까? 8개월째 백수로 지내면서도 나와 다른 이유로 불면의 밤을 보내고 있는 임 형의 한마디가 귀에 꽂혀왔다.

"노짱의 춤을 본 적 있는가?"

나를 살려줄 말이라는 걸 직감하면서도 내 대답은 짐짓 시큰둥했다.

"춤이야 췄겠죠. 목욕탕에서 알몸으로 새도우 복싱을 하시기도 했다니까."

"그런 거 말고. 노짱이 병신춤을 췄다니까!"

그렇게 물꼬는 트였다. 춤추는 노짱! 그제야 미디어로 전달된 이미지, 미디어가 만들어놓은 메시지에 갇혀 있던 노짱이 눈앞에서 그것들을 훌훌 털고 일어나 덩실덩실 춤을 춘다. 그를 기억하는 이들에게 노무현의 춤을 추억하게 하는 것, 그 춤의 의미를 우리 것으로 만드는 작업은 그에 대한 추억이 부재한 나 같은 일반인에게는 웃으며 그를 보낼 절호의 기회일지도 모른다.

물론 그의 몸짓, 춤사위를 보여주는 자료란 게 있을 리 없었다. 당연한 일이다. 정치인의 몸짓을, 그것도 춤추는 장면을 누가 어찌 기록하겠는가. 그렇지만 춤 이야기가 나오자마자 목격자들은 기다렸다는 듯이 증언을 쏟아놓았다. 노무현이라는 이름을 듣고는 먹먹해하던 그들은 손뼉부터 쳐댔다. "한 번 보면 반하지 않을 수 없다"는 촌평까지 내놓았다. 키득거리며 그들은 오래 전 저장해놓은 기억을 더듬어 찾아냈다.

하지만 그들과 나는 달랐다. 내 눈으로 확인하지 못한 그의 춤은 그 자체로 추상적이다. 독일의 전설적인 무용가 피나 바우쉬의 춤,

대한민국 최고의 광대 공옥진의 춤처럼 해석할 수 없는 춤이어서 더 추상적이고 더 난감했다. 그래서 나는 두말 않고 듣기만 해야 했다. 노짱 춤의 목격담을.

탈춤 속 말뚝이나 홍동지를 떠올렸다

"3당합당 뒤끝이라 정치 얘기에 모두들 넌더리가 났지. 허리띠 풀고 열심히들 마셨는데도 표정들이 그리 밝아지지 않았어. 그때 노 의원이 자리에서 일어나더라고. 양복저고리 벗어 던지고, 와이셔츠 속으로 바가지를 밀어 넣더구먼. 그러더니 오른손엔 숟가락을, 왼손엔 다른 바가지를 들고 구성진 각설이타령을 뽑으면서 곱사춤을 추더라고. 기절초풍하는 줄 알았어. 순식간에 그 자리가 꼭 70년대 말, 80년대 초 대학가 분위기가 되어버린 듯했지. 흥이 오르자 노 의원은 바가지를 가슴 쪽으로도 밀어 넣고 계속 춤을 추대. 영락없는 병신춤이었지."—곽병찬 한겨레 편집인

노무현은 2002년 대선 직전까지만 해도 명망은 있으되 기자를 불러 모으지는 못하는 비주류 정치인이었다. 그 흔치 않은 자리에서 곽 편집인은 병신춤을 "딱 한 번 본 적이 있다"고 말했다. "술 마신 것도 딱 두 번 뿐"이라고 했다. 하지만 그의 품평은 간단치 않았다.

"그가 춤추는 걸 보며 문득 탈춤 속 말뚝이나 홍동지(洪同知)를 떠

올렸던 기억이 있어. 때론 해학으로, 재치로 혹은 억센 힘으로 양반 사회를 풍자하는 거 같더라고. 억압에 맞서고 갈등을 풀어가는 그 말뚝이 말이야. 이 기억은 오랫동안 그를 판단하는 잣대가 되었어. 노동자, 농민 등 사회적 소외 계층의 아픔을 마음으로 느끼고 몸으로 표현할 줄 아는, 그러니까 소외 계층과 문화적으로 일체감을 이룰 수 있는 인물이라는 생각이 든 거야."

그의 춤에는 간단한 소도구가 등장했다. 나무젓가락, 밥공기, 바가지, 방석 심지어 담배까지 마구잡이로 집어 들었다. 그것을 지켜 보던 사람들의 입에선 구성진 가락이 흘러나와 돌고 돌았다.

"하루는 그가 술상을 물렸다. 등줄기에 방석을 밀어 넣고 양쪽 콧구멍엔 담배를 끼웠다. 허리를 구부정하게 하더니 어깨를 들썩이며 몸을 흐느적거렸다. 곱사춤이 어울리는 유일한 정치인. 17년 전 민주당 대변인 노무현은 그렇게 소탈한 모습으로 다가왔다." ―김이택 한겨레 수석편집부국장

춤 얘기를 들으면서도 노짱 하면 무엇보다 연설 아니냐는 반박이 내 안에서 들려왔다. "막가자는 것이지요?" 식의 일상어로 파고드는 그의 촌철살인은 좌중을 휘어잡기도, 얼어붙게도 했다. 돌이켜 보면 '막가자는 것이지요?' 란 말 자체도 "쫄지 말고, 진짜 한 번 막가보고, 해원(解寃)하자"는 말이었을 터다. 긴장 뒤에는 상대를 풀어주고 자신도 풀어지는 그였다. 나는 그의 웃음과 익살맞은 눈빛을 기억하면서도 허리띠를 풀어놓고 춤을 추는 그를 상상하기 어려웠다.

봉하마을 방문객들과 함께한
노무현 대통령.

"1991년 작은 민주당 창당대회 날, 잠실의 한 호프집에서 축배를 들었다. 한참 생맥주 잔이 돌았는데 노무현 의원이 탁자 위에 올라섰다. 모두가 당황해 만류했다. 그런데도 덩실덩실 어깻짓을 하면서 "조~오타!"라고 외쳤다. 그렇게 그가 무너졌다. 묘기 부리듯 춤을 춘 것이다. 그런데 점점 사람들의 얼굴에 어색함이 사라지고, 웃음기가 묻어났다. 하나 둘 일어서더니 모두가 들썩이기 시작했다. 당직자도 의원도 대표도 평당원도 그렇게 모두들 어울려 껴안고 뒹굴었다." ─노무현의 한 비서관 출신 정치인

이쯤 되면 병신춤이 아니라 정말 '막가자는 춤'이다. 주사를 부리는 걸로 보일 법도 한데, 그날의 기억을 갖고 있는 사람들은 그 상황을 분명히 '춤'이라고 기억했다. 좌중을 압도하는 연설가 노짱은 그렇게 그만의 퍼포먼스 하나를 비밀 병기처럼 갖고 있었다.

더하여, 서민 출신 아니랄까봐 그는 춤에 관한 한 그 끝을 관광버스 아니, 정확히는 관광기차에서 보여주었다. 비서관 출신 정치인의 말이 이어진다.

"1996년 종로 선거에 낙선한 노무현 의원은 당직자 30여 명, 유인태 의원 일행 등과 정선 철도산행 기차를 탔다. 돌아오는 길, 홍어 안주에 소주로 거나해진 당시 노 의원이 동행한 이들의 손을 이끌었다. 고속버스 춤판을 만든 것이다. 그는 수건을 말아서 사타구니에 갖다 대더니 곱사춤을 덩실덩실 추었다. 함께한 아주머니 당원들과 어울려 노무현다운 광경을 펼쳐 보였다."

근본주의자였지, 노무현

　노짱은 이렇게 스스로 무너졌다. 정체 모를 '곱사춤'을 추면서 그는 수건, 젓가락, 방석, 바가지 같은 일상 용기를 자신의 등과 배와 사타구니와 콧구멍에 찔러 넣었다. 그 모습이 "부담스러웠다"는 기자도 있었고 "신명났다"는 정치인도 있었다. 그 반응이 무엇이었든 그 판에서 어느 누구도 그의 춤판을 거부하기는 힘들었다. 각설이타령까지 불러 젖히는 데야 말릴 사람이 없었다. 그의 춤은 그래서 "춤이라기보다는 근본주의적 놀이였다"는 평론까지 얻었다. 그의 춤이 우아한 왈츠나 라틴 리듬의 탱고라도 그런 평가를 받았을까. 젊은 세대의 눈길을 확 끌 만한 테크노춤이었더라면 어땠을까.

　"근본주의자였지, 노무현……. 누군가 자리를 벗어나려고 하면 '누군 약속 없나요?' 그러면서 꽉 붙잡아. 그런 다음, 자기 어깨를 척! 움츠리지. 누가 당황하지 않겠어? 무릎을 약간 구부린 다음, 흥에 겨워 요렇게 방석을 뒤로 꽂는 거야. 그런 다음 흔드는 거야. 모두가 흥이 달아오를 때까지, 요렇게."

　참여정부 시절 청와대 출입 기자였던 김의겸 기자(한겨레 문화부 편집장)의 회고담이다. 그래서였을 것이다. 그해 5월 그의 눈이 하루 종일 붉었던 것은. 그는 편집회의가 열리는 6층 회의실에서 노짱을 이렇게 추억했다.

"자신을 웃음거리로 기꺼이 내던지는 사람이었어. 매력 있는 남자였다."

그에 관한 추억담을 들으면서 시청 앞이 노란 빛으로 가득하던 날이 새삼 떠오른다. 그날은 참 불편한 일들이 하루 종일 계속됐다. 어디를 가도 마주치는 슬픔이 부담스럽고 내가 감당할 일이 아니라는 생각이 들어 영결식장에 가지 못했다. 그런데 하필 서울시청이 내려다보이는 빌딩 23층에서 미국인 프로듀서와 인터뷰를 해야 했다. 그는 손바닥을 하늘로 올리는 자세를 취하며 "북쪽 우상숭배랑 다른 점이 뭐가 있냐"고 추모 광경을 비틀었다. "전직 대통령 추모로 보이지 않는다"는 것이다. 그는 또 "이라크 파병과 한미 FTA를 죽어라고 반대한 사람들 아니냐"란 질문으로 나를 궁지로 몰아넣었다. 만약 노짱의 춤을 미리 알았더라면 나는 그날 그에게 멋지게 한마디 할 수 있었을 것이다.

"우리에겐 자신을 던져 모두를 웃게 만들고자 했던 한 정치인이 있었다. 그는 어깨나 잠깐 으쓱대며 냉소하는 당신 같은 사람이 아니다."

나는 이제 보지도 못한 노짱의 춤을 추억할 수 있을 거 같다. 그 이야기를 들려준 사람들의 관대한 미소를 함께 떠올리며 말이다. 그렇게 우리는 그를 조금씩 떠나보낼 수 있다.

내가 만난
개혁의 아이콘

손혁재

경기대 교수. 한국 NGO학회 회장과
참여연대 운영위원장을 맡고 있다.

개인적인 에피소드로 이야기를 시작해보자. 참여정부 시절 노무현 대통령 때문에 한 노인에게서 봉변을 당한 일이 있다. KBS에 가기 위해 여의도 지하철역에 내렸다. 에스컬레이터 타는 쪽에 노인 한 분이 서성거리는 게 눈에 띠었다. 에스컬레이터를 타고 싶은데 타지 못하는 것 같았다. '방송 시간에 여유가 있으니 저 노인 양반을 지하철에 태워드리고 가야 되겠다' 고 생각하고 노인에게 다가갔다.

그 순간 그 노인이 짚고 있던 지팡이로 나를 내리치며 소리를 지르는 게 아닌가. "야, 이 나쁜 노사모 놈아!" 갑작스런 노인의 공격에 놀란 나는 뒷걸음치면서 말을 더듬었다. "저, 어, 어르신 뭔가 오해를……." 노인은 다시 지팡이를 휘두르며 소리쳤다.

"내가 니 놈이 테레비 나온 거 다 봤어. 니가 노무현 찍으라고 해서 찍었는데, 나라 망했잖아, 어떡할 거야, 이 나쁜 놈아."

연방 소리를 질러대는 게 힘든지 노인이 휘두르던 지팡이를 짚고 가쁜 숨을 내쉬었다. 노인과 나의 실랑이를 구경하던 사람들의 이야기가 귀에 들어왔다. "맞아, 저 사람 노사모야." "시민 단체야." "노무현 똘마니야."

지팡이의 사정거리 밖으로 멀찌감치 떨어져서 노인에게 말했다. "어르신, 제가 텔레비전에 가끔 나간 건 맞는데요, 노사모는 아니구요. 그리고 저는 한 번도 노무현 찍으라고 한 적이 없습니다"라고 말한 뒤 그냥 꾸벅 고개를 숙이고 그 자리를 피했다.

우토로 할머니의 기억

나는 노사모를 높이 평가하고, 노사모에 대해 글도 썼지만 노사모 회원은 아니다. 사석에서는 정치인 노무현에 대해 긍정적으로 평가하고 기대도 많이 했지만 공적인 자리에서 지지한다고 말하거나, 지지하자고 권유한 적도 없다. 노무현 대통령이 운영하던 '지방자치실무연구소'의 부소장, '자치경영연구원'의 부원장과 원장을 맡기도 했지만 이걸 아는 사람은 별로 없다. 국민의 정부와 참여정부를 거치면서 여러 위원회에 민간위원으로 참여했지만 '월급'을 받는 자리는 단 한 번도 앉아본 적이 없다. 그런데 왜 많은 사람들은 나를 '노무현 똘마니'(국민의 정부 때는 '김대중 홍위병')로 보는 걸까. 아마도 개혁을 주장하고 인권을 이야기하고 민주주의, 복지와 분배, 정의를 주장하면 모두 김대중, 노무현과 한통속이라 간주하는 '조중동의 시각'이 보편화되어 있기 때문일 것이다.

나는 노무현 대통령의 서거 소식을 일본 교토의 우토로 마을에서 들었다. 일제에 강제로 끌려왔던 조선인 노동자들의 합숙소를 둘러보던 중 서울에서 문자 메시지가 날아왔다. 노무현 대통령의 서거를 알리는 짧은 메시지. 믿기지 않았다. 믿을 수 없었다. 하지만 잇달아 날아오는 여러 통의 문자 메시지는 서거가 사실임을 일깨워주었다. '마구잡이 정권의 출현과 개검의 칼춤을 구경한 우리는 공범자며 역사의 죄인'이라는 한 지역운동가의 메시지를 확인하면서는 목이 메었다.

우토로 마을에서 만난 한 할머니도 노무현 대통령에 대한 기억을 갖고 있었다. 고향인 경남 사천에 가보고 싶었으나 아직 소원을 풀지 못했다는 이 할머니는 우토로 문제가 해결된 것이 노무현 대통령 덕이라며 고마워했다. 합숙소 철거를 강행하는 일본 정부에 항의하고 우토로 마을에 지원금을 보내주었다는 것이다. 사회의 그늘진 곳, 어두운 곳에 늘 따뜻한 관심을 보였던 노 대통령의 눈길이 나라 밖이지만 동포가 살고 있는 우토로도 비껴가진 않았던 것일까.

노무현 대통령을 처음 만난 것은 텔레비전 토론에서였다. 그날 밤

벚꽃놀이가 한창이었으므로 1997년 봄이었던 것으로 기억된다. 한보 그룹 비리가 불거져 김영삼 대통령의 둘째 아들 김현철 씨가 구속된 뒤였다. 이 문제를 다룬 KBS의 〈심야토론〉에 노무현 변호사(당시 노무현 대통령은 15대 총선에서 떨어져 현역의원이 아니었다)와 함께 출연했다. 14대 국회에서의 활약을 지켜보면서 보기 드문 '원칙과 소신의 정치인'이라 호감을 갖고 있던 터에 함께 출연하니 기분이 좋았다.

노 변호사는 자신의 후원회장인 방송작가 이기명 선생을 소개했다. 뜻밖이었다. 이기명 선생은 '참여연대'의 열성 회원이었고, 나와 매우 친한 사이였다. 노무현 후원회장이라는 걸 밝히지 않고 그저 묵묵히 참여연대 회원으로 열심히 활동하고 있었다고 생각하니 존경스러워졌다. 또 다른 정치인들처럼 유명 인사를 후원회장으로 모시지 않은 노 변호사도 대단하다는 생각이 들었다.

텔레비전 토론에서 만난 노무현

하지만 텔레비전 토론을 하면서 다소 의아한 생각이 들었다. 나는 시종일관 부정부패에 대해 엄격한 대책, 김현철 씨의 엄정한 사법처리를 주장했고 김영삼 정부의 무능을 비판했다. 노 변호사는 부패 척결에 대해서는 나와 의견이 같았지만 김영삼 정부에 대해서는 그

다지 날카롭게 각을 세우지 않았다. 나는 다소 실망하면서 속으로 '노 변호사가 YS의 공천으로 정계에 입문해서 그런가 보다'고 생각했다. 〈심야토론〉을 끝내고 방송국을 나오니 벚꽃 축제에 몰린 인파로 교통이 엉망이었다. 노 변호사가 자신의 차로 일단 여의도를 벗어나자고 권해 그 차를 타고 나오며 이야기를 나누게 되었다.

노 변호사에 대해 나만 실망했던 것은 아니었다. 그도 나에 대해 불만이 있었다. 차에 타자마자 노 변호사는 내게 말했다.

"아까 YS가 무능하다고 하셨죠? 슈퍼마켓을 운영할 정도의 능력밖에 없는 사람이 백화점 운영을 맡은 격이라고 하셨는데 그렇게 말씀하시면 안 됩니다. 저도 YS가 잘했다고 보지 않지만 그렇게 말하면 그냥 YS가 무능하다고 국민들이 생각하는 게 아니구요, 민주개혁 세력, 진보 세력은 투쟁할 줄만 알았지 국정 운영능력이 없다고 받아들이게 되는 겁니다. 그리고 무엇보다도 YS의 국정 실패는 YS의 무능보다는 지역주의 정치구조 때문입니다."

귀가 번쩍 뜨였다. 문민정부의 더욱 근원적인 한계가 지역주의에 있다는 지적. 현상보다는 본질을 정확히 짚어내는 능력과, 지역주의 극복에 대한 신념을 그토록 소신 있게 밝히는 노 대통령을 다시 보게 되었다.

노무현의 정치 개혁 대망론

노무현 대통령은 우리나라에서 지역주의 문제를 가장 치열하게 껴안았던 정치인이다. 지역주의에 대한 노 대통령의 고민은 1998년 10월에 했던 인터뷰에서 다시 한 번 확인할 수 있었다. 참여연대가 발행하는 월간지 『참여사회』에 「손혁재가 만난 사람」을 연재하고 있었는데 1998년 11월호 대상자가 노무현 의원이었다. 편집위원회는 '노사분쟁의 해결사 노무현'이라는 주제를 주었지만 나는 노무현 의원을 노동 전문가로만 봐서는 안 된다고 생각했다. '정치 개혁의 선봉장'으로서 노무현, '새로운 정치인의 유형'으로서 노무현이 그에게 주어진 더 큰 역할이라고 보았다. 그래서 내가 인터뷰를 마치고 넘겨준 글의 제목은 '노무현의 정치 개혁 대망론'이었다.

참여연대와 환경연합이 공동운영하는 '철학까페 느티나무'에서 노무현 의원을 만났다. 미처 내가 질문을 하기도 전에 노무현 의원이 먼저 정치와 운동의 관계라는 화두를 꺼내들었다. "운동이 원칙의 문제라면 정치는 선택의 문제더군요. 운동은 항상 원칙적으로 문제 제기를 계속해 나가는 것이고 부득이한 선택에 대해서는 용서가 없는 것이죠. 이에 반해 정치는 선택인 거지요."

정말 그렇다. 정치는 살아 있는 생물이라 했던가. 끊임없이 부닥치는 선택의 상황에서 최선의 길만 선택하는 정치가 상지상(上之上)

이라면 결과적으로 최악의 길만 골라서 간 하지하(下之下)의 선택도 있을 것이다. 과연 정치인 노무현의 선택은 어떤 것이었을까.

국민의 정부가 추진하는 개혁이 지지부진하다는 지적에 대해 노 의원은 이렇게 말했다. "개혁에 대한 강력한 저항이 있을 수밖에 없습니다. 기득권자들의 양보를 요구하는 것이기 때문이죠." 아마 5년 뒤 자신도 똑같은 어려움에 부닥치리라고 그때는 생각하지 못했으리라. 물론 저항이 있을 것이다. 그러나 기득권층의 저항은 이미 예상했던 것. 따라서 기득권 세력의 저항을 어떻게 제압하느냐 하는 것이 개혁 프로그램에 있어야 했고, 결국 이 개혁 프로그램이나 개혁 주체 세력에 문제가 있으면 아니 될 터. 뜻밖에도 이 문제를 노무현 의원은 지역주의로 풀었다.

"우리 사회는 개혁 대 반개혁 세력으로 전선이 형성돼 있지 않습니다. 지역을 기준으로 만들어져 있지요. 영남은 어떠한 개혁도 반대하고, 호남은 어떠한 반동적 정책도 받아들이는 이런 정치 상황 속에서 개혁 주체 세력을 세우는 것은 너무나 어렵습니다. 보수적인 조치들조차도 저항을 받잖습니까? 김대중 정권이 개혁적 주체만으로 형성되지 못한 것은 사실인데, 이것은 지역주의 때문입니다."

강한 지역주의 때문에 새로운 권력의 주체 형성이 장애에 부닥쳐 있다는 것. 따라서 노 의원은 동서로 형성된 전선을 뛰어넘는 정치 주체를 형성하는 것이 김대중 정부의 가장 시급한 문제라고 지적했다.

"솔직히 말하면 정권은 개혁보다 정권 유지가 먼저입니다. 개혁을 통해 정권을 강화시킬 수 있을 때 개혁을 하는 것이지 개혁을 통해 정권이 약화된다면 개혁은 못하는 겁니다. 정권이 유지되고 개혁이 있는 것이지 정권이 무너진다면 개혁도 없는 것이죠. 선택의 폭이 좁을 수밖에 없습니다. 지역주의적 현실을 무시할 수도 없고, 이 정권이 실패하면 개혁 주체가 새로 형성된다는 기대를 할 수도 없습니다. 결국 지역주의 극복이 이 정권 최대의 과제가 될 수밖에 없을 것입니다. 개혁은 그 사회의 가장 심각한 모순과 갈등을 해결해 나가는 것 아닙니까? 그렇다면 지역주의 극복이야말로 가장 중요한 개혁이죠."

1988년 제13대 국회의원 총선으로 정계에 입문한 때부터 서거하기까지 그의 정치 역정을 관통한 화두는 지역주의 극복이었다.

신뢰가 가장 중요합니다

사실 나는 '정치인 노무현'의 가능성을 믿지 않았다. 언제였던가. "정치를 하는 목표가 무엇입니까?"라고 묻자 "이왕 정치를 시작했으니 갈 수 있는 곳까지 가봐야 되지 않겠습니까?"라는 대답이 돌아왔다. 나는 웃으며 고개를 끄덕였지만 마음속으로는 '대통령을 하겠다고? 대통령감이 아닌 것 같은데……' 라고 생각했다. 하지만 직접, 또는 언론을 통해 만날 때마다 '정치인 노무현'의 신념과 능력,

인품, 그리고 진정성에 점점 높은 점수를 주게 되었고, 한국 정치의 소중한 자산이라고 평가하게 되었다. 하지만 한국 정치가 아직까지 '정치인 노무현'을 받아들일 수준이 아니라고 보았기에 정말 대통령이 될 거라고는 생각하지 못했다.

안타깝게도 대통령으로서 노무현은 그다지 긍정적인 평가를 받지 못했다. 특히 진보진영에서는 무능과 비개혁으로 노무현 대통령과 참여정부가 실패했다는 평가가 보편적 정서였다. 진보진영이 노무현 대통령에 대한 비판을 넘어 미워하기까지 하는 듯한 태도를 확인하고 충격을 받았던 적이 있다.

그의 임기가 끝나가는 2007년 초의 일이다. 민주노동당이 주최한 심포지엄에서 발표자인 나는 "참여정부에 대한 무조건적인 비판이 문제다. 누구에겐가 책임을 지우고 소리 높여 비판하기는 쉽다. 그렇다고 해서 문제가 해결되는 것은 아니다. 참여정부에 대해 나 자신도 그렇게 높은 점수를 줄 수는 없지만 잘한 것은 잘했다고 인정하고, 잘못된 것은 비판하고 비난하는 데 그치지 말고, 왜 잘못됐는지 어떻게 하면 고칠 수 있는지를 이야기하는 게 옳은 태도라고 본다. 내가 볼 때 이러이러한 것들은 잘못했다. 하지만 이러이러한 것들은 잘했다고 본다"고 했다. 그러자 토론자들은 물론이고 사회자와 청중들까지 일제히 나를 비판했다. 문제는 비판의 요지가 발표 내용에 대해서가 아니라 "언제부터 손혁재가 노무현의 대변인이 되었느냐"라는 데 맞춰져 있었다는 점이다. 내 생각은 지금도 똑같다. 이제부터라도 노무현 대통령에 대한 평가를 엄밀히 해야 한다.

노무현 대통령의 지지를 떨어뜨린 가장 큰 원인은 경제를 망쳤고, 이로 말미암아 삶이 더 어려워졌다는 '경제위기론'이다. 일자리 창출이 지지부진하고 양극화가 더 심해졌다. 부동산 광풍은 서민의 내 집 마련 희망을 앗아갔다. 사교육비 부담도 서민의 등뼈를 휘게 만들었다. 이처럼 국민이 체감하는 삶의 어려움이 컸지만 참여정부의 경제정책이 실패한 것은 아니다. 수출 3천억 달러 달성과 외환보유고 증가, 경제개발협력기구 평균을 웃도는 성장률 등 긍정적인 성과도 있다. 경제성장률 5퍼센트는 OECD 나라들 가운데 가장 높은 수치며, 경기불황에서 회복됐다는 일본의 경제성장률 2퍼센트의 두 배가 넘는다. 그런데도 경제를 파탄시켰다고 비판받은 것은 참으로 안타깝다.

노 대통령에 대한 평가가 부정적으로 바뀐 결정적 계기는 대연정 제안이었다. 국민이 헌정사상 처음으로 개혁을 주장하는 자유주의 정치 세력에게 원내 과반의석을 주었다. 그런데도 4대 개혁입법 처리가 무산되는 등 시종 무기력했다. 경제와 국민의 삶에 엄청난 영향을 끼칠 한미 자유무역협정(FTA) 협상을 무리하게 밀어붙이고, 평택 미군기지 문제 해결도 무리수가 많았다. 이런 상황에서 반대와 비판의 소리가 높아지자 한나라당에게 대연정을 제안한 것은 큰 실수였다.

"사람 대접을 제대로 하지 않는 사회에 대한 분노" 때문에 정치

입문을 결심했다는 정치인 노무현. 노무현 대통령이 꼽는 지도자의 조건은 신뢰였다. "개인의 역량이나 지도력에 달려 있는 것이 아니라 지역주의 같은 비합리적 요소들이 해소돼야 호감을 갖고 지지하는 가운데 지도자가 등장"할 수 있다는 것이 그의 생각이었다. "신뢰가 우리 사회에서 가장 중요합니다. 신뢰받지 못하면 어떤 일도 성과를 얻지 못하죠. 몇 마디 말, 몇 가지 이데올로기로 국민을 통치하는 시대가 아닙니다. 이제는 무조건 잘난 사람이 아니라 잘못이 있어도 신뢰할 수 있는 지도자라면 함께할 수 있다고 생각합니다." 이 같은 신뢰의 바탕은 공정성이라는 게 노 대통령의 생각이었다. 공과 사를 구분해서 공적 발언에 책임을 지고, 손해가 되더라도 공정히 판단하고 행동해야 한다는 것. 그 다음으로 꼽는 조건은 성실성이다. 이밖에 판단력, 자기 이익을 포기하고 자신을 희생할 수 있는 용기와 신념이다.

다양한 평가가 있겠지만 내가 보는 노무현 대통령은 '개혁의 아이콘' 이었다. 이제 아이콘은 사라졌다. 아니, 하늘로 올라가 별이 되었을까. 어둠이 짙을수록 별이 더욱 빛나듯이 시대가 어려울수록 그 아이콘은 더욱 빛나게 될까.

'역사인' 노무현을 생각한다

이이화

역사학자. 동학농민혁명기념재단 이사장,
'한국전쟁 전후 민간인 학살 진상규명 범국민위원회'
상임 공동대표를 지냈다.
저서로 『조선후기정치사상과 사회변동』
『역사풍속기행』『한국사 이야기』(전 22권) 등이 있다.

'광주에서는 이문옥, 부산에서는 노무현' 이란 구호가 등장했다. 1992년 총선 때 두 지역에서 터져 나온 구호였다. 당시 광주에서는 민주 시민들이 평화민주당 신기하 후보에 맞서 청렴 감사관으로 국민의 존경을 받는 이문옥 후보를 내세웠다.

이와 달리 민주자유당과 김영삼의 정치적 텃밭인 부산에서는 노무현 후보가 평화민주당 소속으로 총선에 뛰어들어 바람을 일으키고 있었다. 두 후보는 전국적으로 주목을 받았다. 지역 구도를 타파하려는 하나의 시금석이었기 때문이다. 하지만 결국 두 후보는 기대와 달리 완고한 지역 정서에 막혀 낙선하고 말았다.

노무현 후보가 2002년 대통령에 당선되자 지역 감정이 표로 드러났다는 해괴한 지적이 나왔다. 노무현 지지표가 호남 지역에서 93퍼센트, 영남 지역에서는 25퍼센트 정도로 나온 것을 두고 하는 말이었다. 하지만 호남에서 얻은 93퍼센트의 지지표는 영남에서 이회창 후보가 얻은 표보다 200만 표가 모자랐다. 눈 가리고 아웅 식의 분석이었던 것이다.

노무현 당선을 놓고 지역 감정을 운운하는 것은 타당치 않았다. 그는 비록 호남에 기반을 둔 평민당 후보였으나 영남 출신 인사였다.

광주 걸머진 젊은이들의 친구

왜 호남 사람들은 그를 지지했을까? 그럴 만한 이유가 있었다. 1980년대는 광주에서 벌어진 신군부의 집단 학살에 맞서 청춘을 던져 싸운 젊은이들의 시대였다. 노무현은 이들을 만난 후 신변의 위협을 무릅쓰고 군사 정권과 맞서 싸웠고, '광주 청문회' 당시 전두환의 빈자리에 명패를 집어 던져 세상을 놀라게 했다. 기회 닿는 대로 광주로 달려가 신군부의 부당성을 폭로하고 호남의 민주항쟁을 찬양했다. 노무현은 호남 사람들의 영원한 동지였다.

반면 이회창 후보는 호남의 민주화 운동을 외면해왔다. 만행을 저지른 신군부에 한 번도 맞서 싸우거나 비판한 적이 없었다. 뒤늦게 마지못해 한두 번 망월동에서 형식적인 참배를 하는 정도였다. 더욱이 이회창을 후보로 추대한 한나라당 국회의원들은 광주 민주항쟁을 불온 세력들이 일으킨 것이라는 인식을 가지고 있다. 심지어 광주의 비극을 일으킨 장본인 정호용은 대구의 국회의원 선거 홍보물에서 "광주의 불순 세력을 타도하여 국가의 위기를 막아낸 공로자"라고 떠벌렸다.

노무현의 당선은 우리 사회가 안고 있는 완고한 지역 감정의 벽을 허물 좋은 계기였다. 그러나 지금 사정은 어떠한가? 다시 원점으로 돌아가고 말았다. 그 책임 앞에서 자유로울 사람은 많지 않을 것이다.

나는 1990년대 초 부산의 어느 단체에서 강연할 때 처음으로 정치인 노무현을 만났다. 인사는 나누었지만 긴 이야기를 나누지는 못했다. 10년 세월이 지난 2001년 11월 말 민주 언론인 송건호 선생 영결식이 서울 아산중앙병원에서 있었는데 그때도 가볍게 인사만 나누었다.

그러다 노무현이란 존재를 이해할 수 있는 자리에 가게 됐다. 2002년 여름 국회의원으로 구성된 '바른 정치모임' 회원들이 일본 쓰시마로 역사 기행을 가면서 나를 강사로 초빙한 것이다. 그 모임에는 신기남 모임 대표를 비롯해 이종걸, 천정배, 이미경, 이강래, 정동채, 송영길 등이 있었다. 이들은 연말에 벌어질 대선을 앞두고 민주당 대통령 후보를 누구로 할지 열띤 토론을 벌였다. 그리고 이 자리에서 이들은 노무현을 추대하기로 뜻을 모았다. 그들의 말을 들어보니 이 토론회가 당에서 노무현 후보를 최초로 거론한 자리였다고 한다. 전두환 군사 정권에 맞선 투사요, 인권 변호사에서 한발 더 나아간 민주 정치인 노무현은 그렇게 한 국가의 문제를 온몸으로 부딪쳐 풀어나갈 지도자로 부각되고 있었다.

과거사 청산 끌어안은 대통령

지역 구도 해소 못지않게 노 대통령은 과거사 청산에 관심을 기울였다. 친일 반민족 문제는 물론 4.3사건과 한국전쟁 시기 벌어진 부끄러운 과거사를 정면으로 안았다. 그는 대통령으로서는 처음으로 제주도 4.3추모식장에서 이 사건에 대해 공식적으로 사과했다. 올바른 역사가 올바른 공동체, 정의로운 국가를 만든다는 신념으로 그렇게 한 것이다.

때마침 나는 2004년 발족한 민간재단 '동학농민혁명기념재단' 이사장과 '한국전쟁 전후 민간인 학살 진상규명 범국민위원회'(이하 범국민위) 상임 공동대표를 맡았는데 그의 결행이 얼마나 어렵게 이뤄졌는지 확인할 수 있었다.

내가 이끌던 범국민위는 한국전쟁 당시 민간인이 무고하게 학살당한 사실 규명과 인권 회복을 위해 특별법 제정에 힘을 쏟았다. 하지만 정치권은 소 닭 보듯 했다. 범국민위 관계자들과 유족들이 여

노무현 대통령은 2006년 제58주년 제주 4.3사건 희생자 위령제에 참석했다.
그는 우리 현대사 최대의 비극으로 꼽히는 4.3사건에 대해 국정 책임자로서 사과했다.

의도의 칼바람과 뜨거운 햇볕을 받으면서 특별법 통과를 줄기차게 요구했으나 국회는, 특히 한나라당은 요지부동이었다. 특별법 제정에 찬동해준 열린우리당이나 민주노동당 의원은 소수였지만 이를 반대하는 한나라당 의원은 다수였다. 그런 상황에서 이회창 총재는 우리를 만나주지도 않았다. 이처럼 과거사 문제를 외면하는 정치권 속에서 노 대통령은 그야말로 고군분투하는 형국이었다.

대의명분은 어쩔 수 없었던 것일까? 정치권은 2004년 2월 '일제강점하 강제동원피해 진상규명 등에 관한 특별법'을 의결 공포했다. 법에 따라 위원회가 발족되면서 과거사 해결의 실마리를 찾게 됐다. 그것은 이제까지 그 누구도 이루지 못한 '과거사 청산'의 의미와 중요성을 인식한 노 대통령의 집념이 이룬 결과였다.

하지만 부끄러운 역사와 함께해온 세력은 대통령의 거침없는 개혁을 좌시하지 않았다. 대통령 탄핵이라는 초유의 사태를 거치며 민심은 2004년 4월에 치른 총선에서 여당인 열린우리당에 과반수가 넘는 의석을 안겨주었다. '과거사 청산'이라는 오랜 과제가 타협 없는 대통령의 의지대로 풀려나갈 듯했다. 새로운 입법안이 쏟아졌다. '국가보안법, 사립학교법, 한국전쟁 전후 민간인 학살 진상규명과 명예회복법, 군의문사 진상규명 등에 관한 법' 등 이른바 4대 개혁 법안이 활발히 논의되기 시작한 것이다.

노 대통령은 한 걸음 더 나아갔다. 2004년 8.15 경축사를 통해 '포괄적 과거사 청산'을 제의했다. 이에 따라 '진실과 화해를 위한 과거사 정리 기본법'이 2005년 5월 마침내 통과되었다.

하지만 한나라당은 완강한 물 타기로 저항했다. 대한민국 정통성을 부정하는 세력에 의한 테러 조사, 기결 사건의 재심 불허, 피조사자의 제재 불허 등 독소 조항을 삽입해 법안을 누더기로 만들었다. 과거사를 청산하는 일이 기득권층과 보수주의자들을 궁지로 몰아갈 가능성이 컸기 때문이었다.

사실 한국전쟁 전후 민간인 학살의 가해자는 경찰, 군인, 우익 청년과 미군들이었다. 농민, 여성, 어린이들이 빨치산 출몰 지역에 산다는 구실로 학살되곤 했다. 빨치산 출몰 지역은 그야말로 '킬링필드'였다. 또 국군이 후퇴하면서 자행한 보도연맹 사건 및 형무소 재소자 집단 학살 사건 등 일일이 들 수 없을 정도로 민간인 학살 사례가 많았다. 이는 이데올로기나 정치의 문제가 아니라 인권의 문제로 접근해 풀어야 할 일이었다.

하지만 조사 범위가 조봉암·조용수 사형 사건, 박정희 정권 하에서 자행된 통혁당·인혁당 사건으로 확대될 것을 우려한 반대자들은 엉뚱하게도 항일민족운동, 건국에 공헌한 해외동포를 조사 범위에 포함시키고 또 대한민국의 정통성을 부정하는 세력의 테러 등을 조사 범위에 포함시켰다. 특히 박근혜 한나라당 대표는 유신 시절 자행된 정치음모 사건을 은폐·희석시키려고 했다. 이들은 위의 독소 조항과 함께 기결 사건의 재심을 막고 조사 피의자에 대한 강제 규정을 삭제하려고 흥정을 벌여 결국 성공했다. 이렇게 치밀하고도 완강히 저항하는 세력들 속에서 노 대통령은 어쩌면 중과부적이었을지 모른다. 역사의 진실을 드러내고 국가가 억울한 피해자의 한을 풀어야 나라가 바로 선다는 인식은 코앞만 보는, 정권 탈환만 생각하는 정치인들에게 먼 나라 얘기였을 것이다.

2005년 7월 나는 위암 수술을 받고도 청와대 초청에 출석했다. '역사와 미래를 위한 범국민자문위원회' 위원 위촉장을 받는 자리였다. 해쓱한 얼굴로 굳이 이 행사에 참석한 것은 과거사 문제에 대해 말하기 위해서였다. 그 자리에는 강원룡 목사를 비롯해 서영훈, 신인령, 윤경로, 임재경, 조정래, 안병욱, 염무웅, 서중석, 심지연, 안병우 등 18명의 위원이 참석했다. 종교계와 학계 인사가 다수였다.

나는 그 자리에서 과거사 청산을 위한 자료 수집과 연구 활동의 한계를 말하면서 "한국전쟁 시기의 인권 문제를 풀지 않으면 미래의 역사가 바르게 전개될 수 없다"고 말했다. 그러자 노 대통령은 "앞으로 관련 단체에 지원을 아끼지 않을 것이다. 필요하다면 자료 수집과 연구 활동을 위해 국가가 지원하는 조직을 만드는 것도 신중히 검토해 보겠다"고 시원하게 대답했다.

하지만 회합이 끝난 뒤 실무자 회의가 꾸려지고 몇 차례 관련 청와대 보좌진들과 만났지만 가시적 성과는 나오지 않았다. 과거사 정리를 평가하고 국민 여론을 결집시키는 방안 등을 모색하기로 의견을 모았으나 그들의 반응은 뜨뜻미지근했다. 실무회의를 이끌었던 안병욱 위원은 지금도 "몇몇 교수 출신 보좌진들이 자기네 정치적

입지를 강화하는 데 열중해 진정한 과거사 청산사업을 외면했다"고 말한다. 그들만으로 힘에 부치는 일이었을 터이나 역사적 소명이 뒤로 미뤄지게 된 것은 안타까울 뿐이다.

'역사인' 노무현은 살아 있다

과거사 청산 관련법은 쉽게 말해 역사적 진실을 규명해 피해자의 명예를 회복해주고 오랜 동안 쌓인 원한과 갈등과 분열을 봉합하고 화해와 통합을 이룩하자는 취지에서 제안된 것이다. 한국전쟁 전후 국군·경찰·미군에 의해 100만에 가까운 양민이 불법적으로 학살되었음에도 빨갱이란 누명을 벗겨주는 명예 회복은 제대로 이루어지 않았다. 진실화해위원회 역시 인력과 예산 부족으로 극히 일부 사건만 다루고 있다.

그런데도 기득권을 누리는 가해자 집단인 한나라당과 역대 독재정권에 빌붙어 이익을 챙겨온 극우 보수 언론사들은 끊임없이 노무현 정부가 과거사 입법으로 사회를 분열시키고 예산을 낭비해 민생을 더욱 어렵게 한다고 선동했다. 그것이 우리 사회에서는 먹혀들었다. 노 대통령이 시도했던 과거사 청산과 사회 개혁은 그렇게 하나 둘 물 건너간 것이다.

대통령이 서거한 뒤 나는 『영남일보』에 '역사인 노무현'이란 제목으로 칼럼을 쓴 적이 있다. 일부를 옮겨보면 이렇다.

"그는 독재 시절 민주투사로 활동했고 인권 변호사로 고통 받는 사람들을 위해 온 힘을 기울였다. 정치인이 되어 지역통합을 외치고 부패 권력에 맞섰다. 대통령이 된 후 소외된 사람들의 복지 확대, 정치 자금 등 정치 부패의 척결, 자주적 외교정책 수립, 남북 화해와 협력에 진력했다. 비록 반대 세력의 방해와 자신의 의지 부족으로 결실을 맺지 못한 부분도 있었고 시행착오도 잦았으나 그 성과는 결코 적지 않을 것이다.

무엇보다 그는 권위를 깨고 국민에 다가가려 노력했다. 이런 분위기는 서민적 언어 사용에서도 나타났다. 그런데 이런 모습이 권위주의 풍토에서는 품위를 손상한 것으로 또는 경박한 행동으로 비쳤던 것이다. '대통령 각하'가 '대통령님'으로 바뀐 호칭에서 보듯 국민에 군림하는 권위는 차츰 깨져왔다.

그는 독학이었지만 독서로 지식을 축적했다. 그리고 이를 정치에 대입했다. 이런 그는 상급 학교에 진학할 수 없는 가난한 학생과 청년들에게 의지를 북돋우고 신념을 키워주고 용기를 불어넣었다.

아무튼 개혁은 언제나 어렵지만 이 저급한 정치 풍토와 강고한 보수 세력들이 판을 치는 환경에서는 더더욱 이루기 쉽지 않을 것이다. 우리의 개혁 군주 정조도 실패한 개혁을 남기고 죽었다. 그 또한 많은 과제를 남기고 갔다. 어느 철학자는, 실패한 혁명이라도 결코 실패하지 않은 혁명이라는 말을 남겼다.

미래의 역사는 그를 어떻게 다룰 것인가. 아직 민주주의 발전의 과도기에 놓여 있는 한국 정치에 비추어볼 때 그가 이룩한 절차 민주주의는 일정한 성과를 거두었다고 판단할 수 있을 것이다. 우리는 그를 기억하며 미래 사회를 열어가야 할 책임이 있다."

다시 말해 실패한 개혁은 없다. 과거사 정리에 대한 그의 노력과 좌절을 우리는 똑똑히 목도했다. 여전히 우리에게는 개혁해야 할, 해결해야 할 문제가 넘쳐난다. 그 문제들이 사라지지 않는 한 노무현은 결코 죽지 않는다.

대통령이 남긴 마지막 숙제

정기용

건축가. 성균관대 석좌교수.
1986년 기용건축을 설립해 '어린이도서관'
'무주 공공 프로젝트' 등을 맡았다.
저서로 『사람·건축·도시』
『감응의 건축』『서울 이야기』가 있다.

건축가에게 주택 설계는 가장 어려운 일이다. 개인의 삶과 역사를 건축물로 구현해내는 것이기에 많은 대화를 갖고 끊임없이 의견을 조정해야 한다. 그래서 주택을 지을 때 건축주와 건축가는 친구가 되거나 적이 되기 마련이다. 대통령과 함께 봉하마을 사저를 설계한 내 경우는 어땠을까?

1978년, 나는 유학 도중 잠시 귀국한 건축학도였다. 당시 새마을 운동이 벌어지고 있던 전국의 마을 곳곳은 내게 엄청난 충격을 주었다. 낮은 산허리를 따라 흐르던 초가지붕을 뜯어내고 죄다 슬레이트 지붕으로 바꾸어버린 것이다. 내게는 이 광경이 대대로 이어온 농촌의 삶과 역사를 부정하게 만든 '문화적 학살'로 보였다. 그때 이후로 나는 건축이란 집을 짓는 것이 아니라 삶과 역사를 설계하는 것이라는 깨달음을 늘 되새겨왔다. 전통 '흙집' 기술을 내가 설계했던 많은 공공 건축물에 응용해온 것도 같은 맥락이다.

봉하마을 사저 설계를 맡다

　노무현 대통령은 봉하마을로 내려가기 위해 오랜 기간 준비를 했다. 그리고 고향 마을과 농촌을 어떻게든 되살리고자 고심했다. 재임 시절 국가균형발전이라는 큰 틀을 다루면서도 늘 가슴 한켠에는 농촌을 사람 사는 세상으로 되돌릴 방안에 목말라 했다. 도시에 대해서는 전문가들도 많고 연구 사례도 넘쳐나는데, 우리 농촌이 안고 있는 근원적 문제를 성공적으로 풀어낸 사례는 그리 많지 않음을 대통령은 누구보다 잘 알고 있었다.

　무엇보다 중요한 것은 지속적인 실천임을 잘 알고 있었기에, 대통령은 퇴임 후 생가가 있는 봉하마을로 내려가 몸을 던져 일하기로 결심을 굳혔다. 그렇게 하려면 살 집도 마련해야 하고, 경호원들의 숙소와 공간도 꾸며야 한다. 그런 번거로운 일들을 다 감내하면서 대통령은 농촌 마을의 모델이 되는 베이스캠프를 만들고자 했던 것이다.

　마을 공동체의 모델이 될 베이스캠프. 이것이 대통령이 첫 번째 만남에서 내게 주문한 내용이었다. 사저 설계에 대한 것보다 오히려 봉하마을에 대한 계획을 함께 펼쳐나가기를 바란다는 이야기였다. 나는 먼저 왜 농촌 마을로 귀향하려는지를 물었다. 그러자 그는 아주 간단명료히 "농촌에 가서 봉사 좀 하려구요"라고 답했다. 그러고는 "내 집뿐만 아니라 봉하마을을 함께 생각하자는 것입니다. 전직 대통령이 농촌 마을로 내려가 산다고 하면 그 마을에 많은 변화를 예측하게 됩니다. 그렇기 때문에 농촌 마을을 위해 긍정적인 일을 해야 되고, 무슨 일을 어떻게 진행할 것인지 공부도 해야 되기 때문에 봉하마을에 대해 함께 구상하자는 것입니다"라고 덧붙였다. 그것은 무주 '면민의 집'이나 여러 도서관 건립 프로젝트 등, 농촌 주민을 위한 공공 건축 작업을 통해 내가 매달려온 과제이기도 했다.

그 후 나는 수차례 봉하마을과 봉화산 일대를 답사했다. 그러다 화포천 습지를 발견하고 그 놀라운 풍경에 감탄했다. 이 이야기를 전해들은 대통령은 깜짝 놀라며 그동안 잊고 있었던 화포 습지의 존재를 기억해냈다.

"맞습니다. 그곳이 제가 연애하던 시절 산책하던 곳입니다."

그때부터 대통령은 나를 '나에게 화포천을 되돌려준 사람'이라고 다른 사람들에게 소개했다. 귀향해서 화포 습지를 보존하는, 생각지도 못한 일거리가 생긴 것이 기뻤던 것이다. 그래서 퇴임 후 봉하마을로 내려가 처음 한 일 중 하나가 화포천 청소였다.

봉하마을로 귀향한 대통령은 행복해보였다. 마을 동쪽 끄트머리 '갓집'에서 가난한 어린 시절을 보낸 마을 풍경을 새로이 바라보며,

꿈꾸던 일들을 하나하나 실천하기 시작한 것이다. 어떤 것은 깊이 생각하고 논의하면서, 어떤 것은 공부하고 연구하면서, 또 어떤 일들은 논쟁하면서 하나 둘씩 숙제를 해결하던 대통령의 모습은 가까운 거리에서 협력하고 참여하던 모든 사람들을 감동시켰다.

나는 대통령과 사저 설계에 관해 이야기하며 크게 두 가지를 느꼈다. 하나는 그가 어떤 것도 대충 넘어가는 것 없이 섬세하다는 점, 또 다른 하나는 남의 이야기를 경청하고 늘 문제의 본질로 되돌아오게 하는 대화법이다. 그렇게 나는 퇴임을 전후해 3년여 동안 대통령, 그리고 건축주가 아니라 따뜻하게 대화 나누기를 즐기고, 한편으로 고민하고 연구하는 것을 미덕으로 삼는 진실한 사람을 만날 수 있었다.

불편한 흙집 살며 꿈꾼 미래

그러고 보면 내가 설계한 불편한 흙집은 마을의 삶을 함께 보듬고 함께 고민하고 일하자는 대통령의 생각이 스며 있는 것이었다. 나는 노무현 대통령의 살림집을 설계했다기보다 농촌 살리기를 위한 베이스캠프를 설계하고 새로운 봉하마을을 함께 꿈꿨던 것이다.

농촌을 살린다든가, 마을을 새롭게 만든다는 얘기가 세상 사람들에게는 식상한 얘기로 들릴 수도 있다. 그래서 어린 세대들이 성공한 농촌의 모델을 직접 체험하면서, 농촌이 버려진 땅이 아니라 마음만 먹으면 언제든 돌아갈 근사한 삶의 터전임을 인식하도록 만들고자 했다. 도시에서 다시 농촌으로 돌아가 정착하는 일이 자연스러워진다면, 좁은 한반도가 수도권 중심의 '도시국가'로 전락하는 것을 막을 수 있다. 그리고 이 땅 어디에서 살든 인간답게, 쾌적하게 살 권리를 충족할 수 있다. 그것이 농촌 살리기의 큰 목표였다.

대통령은 농촌의 낭만적이고 목가적인 전원 생활을 동경하는 도시민의 소시민적 꿈에 영합하지 않았다. 그보다 농촌의 삶이 도시의 삶보다 더 좋을 수 있다는 구체적 사례를 만들고자 했다. 왜냐하면 사람들은 구체적인 사례를 통해서만 대통령의 꿈과 희망에 동의할 수 있기 때문이다. 그래서 대통령의 농촌 살리기 방향은 복합적이고 중층적이다. 대통령과 나눴던 이야기를 요약해보면 다음과 같다.

첫째, 대통령은 가장 근본적인 농가 소득 향상을 위해 오리농법 등 특화된 유기농 쌀 재배에 관심을 쏟았다. 특히 좋은 쌀의 생산도 중요하지만, 도정에서 판매까지 농민들이 운영해 실질소득을 증대시킬 미곡종합처리장(Rice Processing Complex: RPC)이 필요하다고 보았다. 하지만 대통령은 안타깝게도 완공된 RPC를 보지 못했다. 그렇다고 대통령이 쌀에만 관심을 둔 것은 아니었다. 농산품의 다원화를 위해 장군차밭과 기타 특수 작물 및 특별한 가공 식품에 대해서도 지속적인 관심을 가졌다. 지금도 방문객들에게 농업 생산품을 판매하고, 편익 시설을 새롭게 마련하는 계획이 마련되고 있는 것으로 안다.

둘째, 화포천 습지 보존 사업과 봉화산 일원을 건강한 숲으로 조성할 계획을 서거 직전까지 살폈다. 청와대 시절부터 대통령의 꿈은 나무를 가꿔서 건강한 숲을 만드는 것이었다. 틈만 나면 각기 다른 수종의 성질을 공부했는데, 나무 이름 맞추기를 하면 대통령을 따라

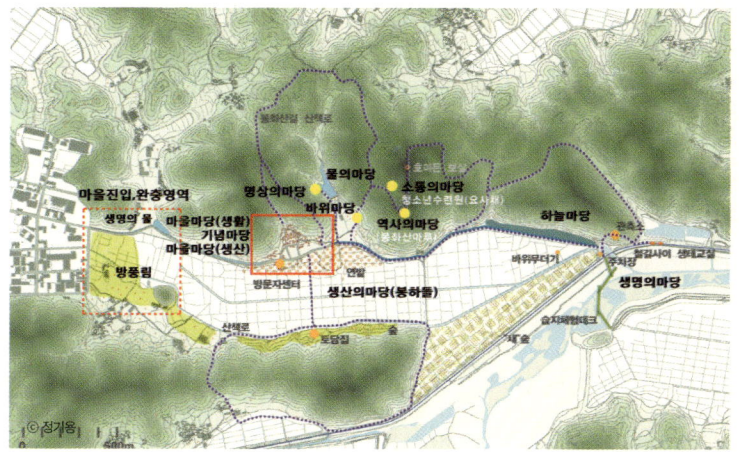

봉하마을 밑그림.

갈 사람이 많지 않을 정도였다. 아마도 대통령을 가까이에서 지켜본 사람들은 나무와 숲에 대한 대통령의 애정과 지식에 놀라지 않을 수 없었을 것이다.

대통령의 어린 시절 놀이터는 봉화산, 사자바위와 부엉이바위 주변이다. 산은 낮으나 올라가면 시선이 툭 터지고, 주변의 산과 봉하들이 거침없이 펼쳐진다. 이러한 풍경을 건강히 보살피고자 한 것은 봉화산 일대의 자연을 한 식구처럼 대했기 때문이다. '환경·생태

보존' 사업이라는 거창한 이름보다 숲 가꾸기, 화포천 깨끗하게 하기 정도의 이름이 어울릴 듯싶다.

셋째, 봉하마을의 경관 살리기다. 진영에서 봉하마을로 접어들기 전 공업 단지를 지나게 되는데 대통령은 농촌 풍경과 대비되는 공단을 친환경적으로 조성할 방법이 없을까 늘 고민했다. 그래서 마을 끝과 공단 사이에 두터운 숲을 조성해 그곳 사람들도 점심 시간에 쉼터로 활용하길 기대했다.

봉하마을의 앞산인 뱀산과 용산, 봉하 들판, 그리고 화포천으로 열린 경관은 진영, 김해 일대에 마지막으로 남은 농촌 풍경이다. 작지만 아직까지는 아늑한 마을이다. 대통령은 이러한 마을의 경관을 지속적으로 보완하고 아름답게 꾸미기 위한 김해시와의 협의 과정에서 '봉화산 일원 관광자원 개발사업 기본계획' 관련 학술 용역의 결과를 함께 논의하기도 했다. 시간이 지나면서 봉하마을의 공동체가 새롭고 활기차게 살아날 때 학술 용역 보고서는 좋은 참고가 될 것이다.

넷째, 앞의 여러 사업을 추진하는 방식에서 마을 사람들과의 소통과 대화를 중시했다. 여러 사안에 대해 마을 사람들의 의견도 폭넓게 듣고, 사업의 이유와 타당성에 대해 논의하고, 때로는 함께 공부하면서 소통과 대화의 끈을 놓지 않았다. 그렇게 공동체를 위해 심혈을 기울이던 대통령도, 정치보다 어려운 것이 '마을 만들기'라고 털어놓은 적이 있다.

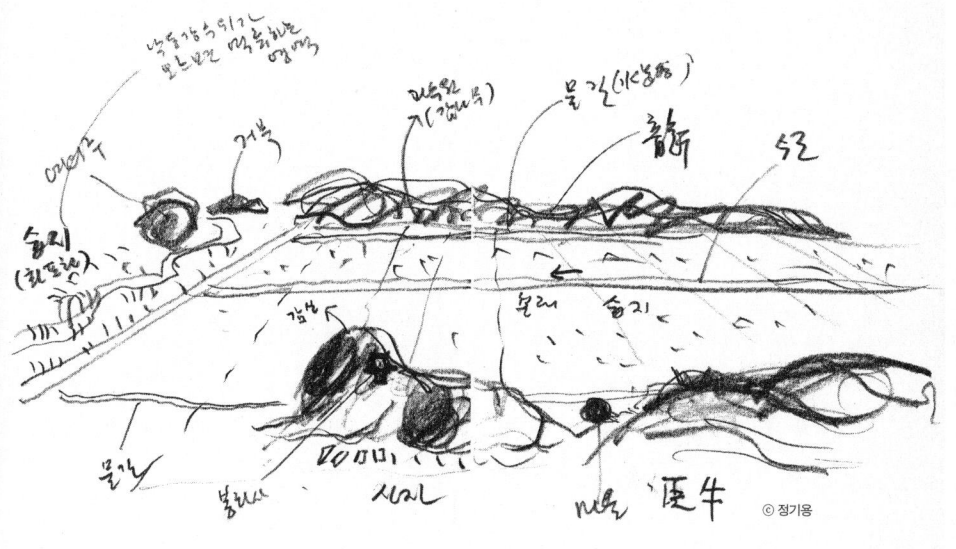

정기용 교수의 봉하마을 스케치.

봉하마을 전경.

어느 날 생가 복원 일로 사저를 찾았을 때, 대통령은 논의 끝 무렵 "마을을 위해 무슨 일을 한다는 것이 생각처럼 쉽지가 않습니다. 마을 사람들의 생각이나 생활 조건 등 모든 것이 옛날 같지 않다 보니 어떤 사안에 대해 합의에 이르기가 정말로 힘듭니다"라고 말했다. 하지만 대통령은 마을의 먼 미래를 위해 필요한 사안에 대해서는 즉각 결정을 내리기보다 시간적 여유를 갖고 어떻게든 더 공부하고자 했다.

우선 당장 소득증대 사업으로 시작한 RPC 설립은 완성되었고, 마을 공동 농기계 보관과 수선을 위한 계획은 진행 중이다. 그런 농업 인프라를 통해 마을이 더 결속력 있게 다져지길 바랄 뿐이다. 농산품 판매와 방문객 편익시설까지 제대로 마련되면, 마을 공동체도 새롭게 살아날 것이라 믿는다.

부엉이바위 밑 작은 동물원

대통령의 궁극적인 꿈은 앞서 언급한 여러 사업들이 이뤄져서 봉하마을이 다음 세대에도 농촌 마을의 모델이 되는 것이다. 봉하마을 이야기 중 가장 자주 들은 말이 어린이·청소년 교육에 대한 것이었다. 처음에는 늘 하는 이야기로 들렸지만 나는 점점 농촌 살리기의 또 다른 목표가 자라나는 세대에게 건강한 마을, 건강한 자연이 얼마나 소중한 것인지 가르치는 일임을 진심으로 깨닫게 되었다. 대통령은 봉하마을 일원을 청소년 교육의 장으로 활용할 꿈을 서거하기 한 달 전까지도 고민했다.

마지막으로 대통령을 뵌 날, 회의가 끝나고 "정 선생, 서울 갈 시간이 급하지 않으면 잠깐 나하고 가볼 데가 있습니다"라고 했다. 집 밖으로 나가 대통령이 가리킨 곳에 내게 준 마지막 숙제가 있었다. 부엉이바위 밑 일대를 아이들을 위한 작은 동물원으로 만들면 좋겠다는 바람이었다. 닭과 염소, 새들을 키우고 연못을 만들어 오리도 키우는, 작지만 아담한 동물공원 비슷한 것이 어떤 형태로 가능한지 그려봐 달라는 것이다.

나는 대통령의 눈빛에서 그것이 어떤 것인지 어렴풋이 가늠할 수 있었다. 손녀딸을 자전거에 태우고 마을을 지나는 대통령의 사진이 유명해진 것도, 돌아보면 지금 세대보다 미래의 세대를 위해 어른들이 어떤 기쁨과 긍정적인 생각을 마련해야 하는지를 상징적으로 보여주는 것이다. 그는 언젠가 말을 키워서 아이들이 탈 수 있으면 좋겠다는 생각에 유사한 시설을 연구하기 위해 정읍에 다녀오기도 했다. 대통령은 어린아이들이 말을 타고 화포천으로 가서 습지를 관찰하고 마을로 돌아오는 평화로운 정경을 꿈꿨던 것이다.

대통령의 농촌 살리기는 이렇게 다양한 꿈들로 이루어져 있었다. 농촌으로 낙향해 그림 같은 집을 짓고 말년을 편히 보내려는 것이 아니라 온몸을 태워 어느 누구도 제대로 풀지 못하는 한국의 농촌 문제를 보다 입체적이고 다각도로 접근했다. 그렇게 서서히 구체적인 모델을 만들어내고자 애쓴 이에게, 그런 소박한 꿈조차 접게 만든 이 사회를 우리는 어떻게 바라보아야 하는가?

부엉이바위 밑은 지금 대통령의 묘역이 되었다. 나는 지금도 대통령의 마지막 숙제를 풀고 있다. 그래서 봉하마을에만 가면 대통령이 꿈꾸던 작은 동물원과 묘역을 겹쳐서 바라본다. 그리고 생각한다. 꿈은 지속되고 그와 함께, 그의 눈으로 세상을 보는 사람들이 남았음을 말이다.

그가
우리 각자인 동시에
모두이기를

송기인

가톨릭대 신학과를 졸업하고 삼랑진성당,
당감성당, 서대신동성당 등에서 주임 신부로 일했다.
부산 인권선교협의회장, 부산 민주시민협의회장을 지냈고
참여정부의 '진실·화해를 위한 과거사정리위원회'
위원장으로 활동했다.

    나는 지금 시골에서 농사를 지으며 살고 있다. 요즘 농사에는 비닐이 많이 쓰이는데 잡초를 막느라 두덩을 비닐로 통째로 덮고 모종을 심기도 한다. 편리하지만 논밭 언덕이나 개울에 폐비닐이 넘쳐난다. 이웃 반장은 왜 읍사무소에서 치워주지 않느냐고 하지만 버리는 이와 치우는 이가 따로 있지는 않을 터이다.
    서양 시장에서 채소며 과일을 자전거 앞 바구니에 담는 주부들을 보며 그 나라의 산하가 깨끗한 이유를 알 듯했다. 하느님의 6일 창조에서 마지막 날 작품이 사람이다. 그러고는 "자식을 많이 낳고 번성하여 땅을 가득 채우라. …… 이제 내가 큰 땅 위에서 씨를 맺는 모든 풀과 과일 나무를 너희에게 준다. …… 하느님께서 보시니 손수

만드신 모든 것이 참 좋았다"고 한다. 그 좋은 것들이 왜 망가지고 있는가. 아마존의 열대림을 보면서 사람의 욕심이 어디까지인가 하고 생각한 적이 있다. 일본과 독일의 기업들이 광산이며 목재를 위해 마구 숲을 파헤치는 꼴을 보며 우리 자손들은 기댈 데가 없겠구나 하는 생각이 들었다. 남의 땅을 쳐다볼 겨를은 없지만……

군부 독재의 철벽에 던진 달걀

작년 여름 경제인 한 분을 만난 자리에서 "나라의 세금 15퍼센트를 감당하는 대기업 총수를 수감하면 어떻게 하느냐?"는 볼멘소리를 들었다. 그냥 듣고만 있었다. 비단 그 사람만이 아니라 누구라도 돈만 있으면 편히 즐길 수 있는 세상인데 나 혼자 법이니 기업 윤리니 하는 얘기를 해봐야 별난 사람 소리만 듣는다. 자신에게 직접 와 닿지 않는 일에는 누구도 눈을 뜨려 하지 않는다. 한 걸음 건너 생각하면 남도 잘사는 게 내가 잘사는 길이지만 나만 잘살고 보자는 게 우선인 세상이다. 이런 걸 느낄 때마다 나는 그의 부재가 아쉽기만 하다.

암울했던 유신 시절, 숨조차 제대로 쉬기 힘들었던 그때도 역사는 흘렀고 사람이 살았다. 궁정동의 총소리는, 가쁜 숨을 몰아쉬며 쓰러져 가던 시대의 마지막 신음이었다. 하지만 무장한 군인들의

12.12 반란이 역사를 거꾸로 돌렸다. 철갑으로 막 눈 뜨는 봄기운을 덮어버렸다.

그 철벽을 깨뜨리고자 던진 달걀이 노변이었다. 우리는 노무현 변호사를 늘 '노변'이라고 불렀다. 1982년 3월, 나는 '부산 미국문화원 방화 사건' 변호인단과 함께 노변을 처음 만났다. 월요일마다 재판이 열렸는데 재판이 끝나고 저녁 식사를 함께하며 친해졌다.

1985년 '부산 민주시민협의회', 1987년 '민주헌법쟁취 국민운동 부산본부' 시절을 거치는 동안 노변은 늘 뜻을 함께했던 동지였다. 당시 부산대, 동아대 교수들은 학생들이 시국 사건으로 잡혀가면 가장 먼저 내게 연락을 해왔다. 그때마다 김광일, 이흥록, 문재인, 노무현 등 변호사 가운데 한 명에게 도움을 청했다. 그럴 때마다 노변은 늘 간단히 "알겠습니다" 하며 거절 한 번 하지 않았다. 6월 항쟁이 한창일 때는 최루탄 가스 뿌연 아스팔트 바닥에서 함께 어깨를 겯고 앉는 일도 잦았다. 어느 시점까지 인생을 즐기는, 돈 잘 버는 변호사였던 그는 민주화 운동, 인권 운동에 뛰어드는 순간 그 누구보다 열심이었다.

어느 날 이야기를 나누다가 그가 『일리아드』나 『오디세이』 같은 고전을 인용하기에 "그 이름들을 외우고 있나?"고 했다. 그랬더니 그가 웃으며 "이렇게 똑똑한데 대학은 못 갔습니다. 그래도 성당에선 받아줍니까?" 했다. 그래서 항상 열려 있는 게 성당 문이라고 했다.

그 길로 그는 부산 당감 성당의 성인반 교리 교육을 받게 됐다. 그와 신앙의 문제로 연결된 것은 그때가 처음이었다. 그 교육은 성서 구절 하나를 놓고 사랑에 모여 얘기를 나누는 식이었다. 하지만 매주 1시간씩 꼬박 1년을 나와야 하는데 노 변호사 부부는 겨우 4시간만 나왔다. 출석 부족으로 1년 유급이 불가피했던 부부에게 집 근처 성당에 나가 교리 교육을 받게 하고 각각 유스토와 아델라라는 이름으로 세례를 주었다. 하지만 이후로 그는 성당에 나가지 않았다. 그에겐 해야 할 일이 너무도 많은 시기였다.

한동안 신앙으로 교류하는 일은 생기지 않았는데 2005년 가을에 또 다른 방식으로 그와 연결되었다. 내 동창들 중에 바티칸에 가보지 못한 친구들이 로마 여행을 가자기에 응했는데 청와대에서 알고는 교황님께 친서를 전달해 달라고 했다. 대통령 특사로 교황청에 가게 된 셈이었다. 9월 하순이었는데 교황청에서는 그 답을 성탄 전에는 보내겠다 했다. 그리고 이듬해 2월에 우리나라에 제2의 추기경이 나왔다. 교리 교육을 제대로 이수하지는 못했지만 그는 나름대로 교회 사정을 폭넓게 파악하고 있었다.

같이 살자, 함께 가자

돌이켜보면 민주화 운동과 정치에 투신할 때 그가 성한 몸으로 그 고난의 길을 이겨낼 수 있을까 가슴 졸였던 적도 많았다. 그의 이상은 높았다. 서로 밟고 피 흘리는 것이 아니라 서로 붙들어주고 위해 주며 사는 사회를 만들 수는 없는 것인가, 묻곤 했다. 모두가 서로 돕고 상생할 수 있는 '사람 사는 세상'을 그는 꿈꾸었다.

이상은 보따리에 싸서 선반에 얹어 두는 게 아니라 실현하려 애쓸 때 의미가 있다. 그런 점에서 보면 노 변호사는 투철한 실천가였다. 조그마한 도움이라도 줄 수 있는 곳이라면 어디든 달려갔고, 그의 변론은 핵심을 찔렀다. 그 궁박했던 시절 현대엔진에서, 대우조선에서, 그리고 선거 유세에서도 그랬다. '같이 살자, 함께 가자' 목이 터져라 외쳤다.

그에게는 사심을 던지는 용기가 있었다. 이 땅의 민주화를 위해, 낙선을 거듭하면서도 지역 감정에 맞서기 위해 자신을 내던질 준비가 되어 있었다. 그가 어느 정도 권력에 초연할 수 있었다면 바로 그런 용기 때문일 것이다. 집권하고서도 편리한 권력 기관에 기대지 않고 제각기 분담된 일들을 하도록 시스템을 만들고자 했다. '차떼기 선거'에 진저리쳤던 경험 탓에 돈 없는 사람도 자기 뜻을 펼칠 수 있도록 제도를 만들고자 했다. 우리의 기존 관습을 뛰어넘어 현대사에서 볼 수 없었던 깨끗한 국정을 수행하면서 국민의 기본권을 세우려고 했다. 대외적으로도 정당하지 않으면 얼굴을 붉히면서라도 맞서서 대등한 외교를 하려고 노력했다.

그는 역사를 바로 펴는 것에 관심이 많았다. '진실·화해를 위한 과거사 정리위원회'를 만들어 관계 위원들을 임명하던 자리에서 그

1990년 3당합당 직후
민자당 반대 시위에 나선
송기인 신부와 대통령.

는 미흡한 법이라서 어렵겠지만 힘껏 애써 달라고 말했다. 한국전쟁을 전후한 시기 무고한 죽음을 당한 가정만도 100만으로 추산되니 이들의 한부터 푸는 게 선결 과제라고 했다. 그는 사회의 부조리와 발전의 지체가 바로 과거사를 정리하지 못한 데 연원이 있다고 봤다. 이 좁은 땅덩어리가 남북으로 갈리고 동서로 나뉘며 기득권층과 소외계층으로 대립하는 병폐를, 그 뿌리에서 치유하고자 했던 것이다. 과거사 때문에 억울함을 안고 살아가는 사람들이 없어야 화합도 소통도 가능하다는 게 그의 생각이었다.

우리는 일제의 강압 하에서 36년간을 신음했다. 쿠데타 세력의 군사 정권 하에서도 그 시간만큼 우리의 역사는 매몰됐다. 그럼에도 이러한 공백을 메우고 다시 정의를 일으키기는커녕 일본 식민 시대를 못 잊어하고 4.19와 3.1 정신을 폄하하고, 상해 임시정부를 부정하는 축들이 활개를 쳤다. 이런 상황에서 과거사를 제대로 정리하는 것은 우리에게 남겨진 숙제가 아닐 수 없다. 제발, 눈까마스! 다시는 오욕의 역사가 되풀이하지 않도록 기도할 힘밖에 없다.

상식이 무너진 사회의 희생자

그는 퇴임 후 패장처럼 시골 농사꾼으로 지내고 있었다. 전직 대통령의 예우를 받는 것은 고사하고 한동안 감옥 생활 같은 나날을 보내야만 했다. 그마저 놓아두지 못하고 수구 언론과 검찰은 그를 흔들어댔다. 마치 먹잇감을 놓고 어르는 고양이마냥 그의 아내를 불러다 놓고 자기네들끼리 웃어대며 '자신을 구하려고 아내를 버리느냐'고 비아냥거렸다. 아들, 비서관, 측근들도 줄줄이 끌려갔다. 목표를 세웠으면 바로 공격할 일이건만 주위를 맴돌며 애먼 사람들까지 괴롭혔다.

1980년 군사 반란을 일으켜 양민을 학살하고 7천억, 4천억을 부정으로 축재한 이들에게 불기소 처분을 내렸던 검찰이 아닌가. 간첩 조작과 긴급조치 위반 등의 인권 유린에 앞장섰던 그들은, 대통령의 서거와 국민의 애도를 보고도 누구 하나 사과 한마디 하지 않았다. 이런 가소로운 꼴이 어디 있겠는가.

상식이 무너진 사회는 비정상적인 사회다. 진실과 허위가 이렇게 분명한데도 일부의 눈에는 거꾸로만 보이는지 답답하기만 하다. 여태 관행으로 보아 이렇게 크나큰 실수를 하고도 검찰이 개전하리라는 보장은 없다.

그는 유서에서 미안해하지 말라고 했다. 우선은 가족들에게 한 말일 게다. 어차피 도덕적 책임은 본인이 져야 한다는 말이다. 그렇다 해도 법적 인정과는 별개다. 평소 깨끗한 정치를 표방하던 그가 법과 도덕이 다르다고 하는 것 자체가 구차한 일이었을 것이다. 자신을 변호하면 검찰의 올가미는 주변과 가족을 옥죄게 된다. 이런 상황에서 어떤 선택이 남은 걸까.

요산 김정한 선생은 생전에 이런 말씀을 하셨다. 우리 청년들은 테러리즘이 약하다. 일본의 경우만 하더라도 양심과 어긋난 구형이나 판결이 있으면 그 검사나 법관의 배에 칼이 박히곤 한다고 했다. 80년대 우리의 법정에서는 너무도 쉽게 학생들과 젊은이들에게 3년 형, 6년 형이 내려졌다. 살인자도 좀도둑도 아닌 이들을 그렇게도 간단히 가둬 놓고 밤이면 남포동 술집에 버젓이 나타나는 검사와 법관을 그대로 두고 보느냐는 것이 요산 선생의 타박이었다. 물론 잘못된 일을 폭력으로 바로잡으려는 건 온당치 않다. 하지만 인권을 짓밟는 횡포가 장기화하는 경우, 압제 받는 이들은 어떻게 해야 하나?

사람이 이성적 동물이라는 것은 사람만이 지닌 기억의 기능 때문에 생긴 말이다. 기억은 그 사람을 진정한 자신으로 살아가게 하는 필수 요건이다.

소설가 이규희는 1980년대라는 암흑기를 통과한 인간 군상을 그린 『그리움이 우리를 보듬어 올 때』에서 이렇게 말한다. "미라가 된 것 같던, 한없이 무력했던 그 시절을 잊으려 하고 부인하려 해도…… 우리들 맥박 안에, 이 땅과 하늘에, 들이쉬고 내쉬는 공기 속에 녹아 있어, 비록 그 이후의 출생자라 할지라도 그의 인체 조직 안에는 유전자처럼 그 특이했던 시절의 흔적이 각인되지 않을까. ……기쁨과 슬픔이, 진리와 허위가 전도되는 그 이상의 비극은 없을 것이다. 사람들은 그 비극적인 상황을 질겁해 내동댕이친 줄 알지만 이상하게도 그 전도된 가치 판단은 우매한 우리 생활 가운데로

황사처럼 점점 더 짙게 배어오고 있다는 사실이 우려스럽다"고 말이다. 우리가 겪은 어두운 시절의 기억을 잊지 말되, 새로운 세대에게 긍지와 희망을 가르치자. 다시는 진리와 허위가 전도되는 일이 없는 평화의 세대를 소중히 가꾸어가야 한다.

그가 우리 각자인 동시에 모두이기를!

　당선자 시절 나는 아침을 같이한 자리에서 "개혁을 쉬지 마라, 돈 모을 생각일랑 마라, 가족은 특별 감옥에다 격리시켰으면 좋겠다"고 했다. 그때 나온 이야기 중에는 법원 개혁이 중요하다는 것도 있었지만 손도 대지 못했던 것 같다.

　우리 사회가 어느 부분은 발전했고 어느 부분은 낙후됐다고 보는 시각이 나는 마뜩치 않다. 대통령이 잘못한다면 그것은 국민에게도 잘못이 있는 것이다. 특별히 우수한 분야가 있고 대단히 처진 부분이 있는 것은 아니라고 본다. 학문이건 산업이건 종교건 법률이건 모두가 마찬가지다. 정치는 후진적이지만 법률은 우수하다고도 할 수 없다. 그 백성에 그러한 대통령일 수밖에 없다. 그러한 사회가 억지로 앞선 문화들을 흉내 낸다고 사람들의 마음이 풍요해지지 않는다.

　요즘 지도자들은 국가나 국민의 소득을 기준으로 행복지수를 측정하는 모양이지만 한 사람이 살아가는 데 필요한 경비는 별로 많지 않다. 그런데도 경제지수에만 매달리는 것은 타당치 않다. 부자들이 돈을 잘 모으면 가난한 사람들이 얻어먹을 것이 많다는 요즘의 정책 기조로 문제가 풀리는 것은 아니다. 나눔과 소통, 화합이 있는 부드럽고 여유로운 인간 관계가 형성돼야 한다. 구약성서 시편은 이렇게 노래한다. "보라, 얼마나 좋고 얼마나 즐거운가, 형제들이 함께 사는 것이! …… 시온의 산들 위에 흘러내리는 헤르몬의 이슬 같아라. 주님께서 그곳에 복을 내리시니 영원한 생명이어라."

작가 파울로 코엘료는 이란의 변호사이자 인권 운동가이며 2003년 노벨 평화상을 받은 시린 에바디를 위해 이렇게 말했다.

"페르시아 시인 하페즈는 7천 년의 기쁨도 7일간의 억압을 정당화할 수 없다고 했다. 에바디는 바로 이 시구를 체화한 사람이다. 오늘 저녁, 여기 있는 그녀가 우리 각자인 동시에 모두이기를! 그녀가 타의 모범이 되기를! 그녀 앞에 어떤 어려움이 놓이더라도 그녀가 사명을 다하기를! 그리하여 다음 세대는 '불의'라는 단어를 삶에서가 아니라 사전에서나 찾아볼 수 있기를!"

바로 우리가 되새겨야 할 말이다.

이게 다
노무현 때문이다!

정훈이

만화가. 『씨네21』과 『한겨레』에
'정훈이 만화'를 연재하고 있다.
그린 책으로는 『정훈이의 내 멋대로 시네마』
『정훈이의 뒹굴뒹굴 안방극장』
『트러블 삼국지』 등이 있다.

01

2001년 어느 날, 우연히 정치인 홈페이지 순례에 나섰다가
노무현 홈페이지를 발견했다.
공동구매한 듯이 똑같이 찍어낸 다른 정치인의 홈페이지와 달리
그곳엔 지역주의와 맞서 싸운 돈키호테가 있었고
커뮤니티가 있었고 사람이 있었다.
그의 삶의 궤적을 따라가다 어느새 울고 있는 나를 발견했다.
무관심했던 게 너무 미안했다.

만화보고 영화보고 드라마보고 게임하기에도
시간이 모자란 내가 정치에 빠졌다.
이게 다 노무현 때문이다!

만화가인 내게 정치인은
안드로메다에서 온 악당보다 더
매력적인(?) 악당이었다.
그런 내가 정치인에게 후원금을 내다니…

이게 다 노무현 때문이다!

02

민주당 내의 노무현 흔들기. 지지율 하락.
결국, 김민석이 정몽준 캠프로 넘어갔다.
그 사건은 커다란 충격이었고
지지자들은 노무현 후보에게 돈을 던지며 분노를 표출했다.
어머니의 라식 수술비, 10년 근속 메달, 돌 반지.
소시민들의 정치 후원금 행렬이 이어졌다.
기존 정치에 저항하는 시민들의
유쾌한 정치반란이 시작된 것이다.

03

사상 유례없는 소시민들의 정치 후원금 행렬에도 언론은 침묵했다.
너무 화가 나 플래시로 UCC를 만들어 뿌리기로 했다.
후원하는 지지자들의 사연을 모아 내가 가입한
개혁국민정당의 창당 구호 "유쾌한 정치반란"에서
제목을 따서 만든 플래시 〈유쾌한 정치반란〉은
올리자마자 인터넷으로 급속하게 퍼져 나갔다.
나중에 그 플래시 애니메이션은
〈유쾌한 정치 개혁〉이란 이름의 TV—CF로도 만들어졌다.

김완선 브로마이드도 내 방에 안 걸었던 내가
나이 30줄에 빠돌이 소리 들어가며
팬클럽에도 가입하고 스타를 보기 위해
공연장(?)을 찾아갔다.

이게 다 노무현 때문이다!

04

선거 유세장에 갔다.
일산 주엽동 백화점 앞 광장에서 정몽준과 어깨동무를 하며
무대 차량에 오르는 노무현을 보았다.
처음이자 마지막으로 본 노짱의 모습이다.

05

투표 전날, 친구들에게 일제히 전화를 돌렸다.
안부 10초. 기호 2번 투표 권장 30초.
내일 확인 사살 한다는 협박 5초.
친구들과 우정 쌓기 합이 1인당 45초.

친구들에게조차 생전 전화 안 하는 내가
그 날은 전화번호부 들고 미친듯이 전화하며
우정쌓기를 시도했다.

이게 다 노무현 때문이다!

06

상식이 통하는 세상 만들어 달라고 대통령으로 뽑았는데
내 상식으로는 꿈도 못 꿀 이유로 탄핵을 당했다.
내가 할 수 있는 건 탄핵 전 매일 집회에 나가는 것뿐이었다.
탄핵 당하던 날.
국회의사당 앞에는 수백여 명의 지지자들이 시위했다.
예상 외의 적은 인원에 세상에 대한 원망까지 쌓였다.
국회의장의 방망이가 두드려지고 모두 드러누워 울었다.
하나 둘 사람들이 모이기 시작했다.
수천의 인파가 모이기 시작했다. 퇴근 시간이 지나자
저 멀리 수만 명의 행렬이 국회의사당을 향해 걸어오고 있었다.
세상은 아직 살 만하다고 생각했다.

탄핵이라니... 상식을 쌈 싸먹은 놈들 때문에
츄리닝에 운동화 신고 출근길 지하철을 타고
22개 역을 지나 국회의사당까지 갔다.

이게 다 노무현 때문이다!

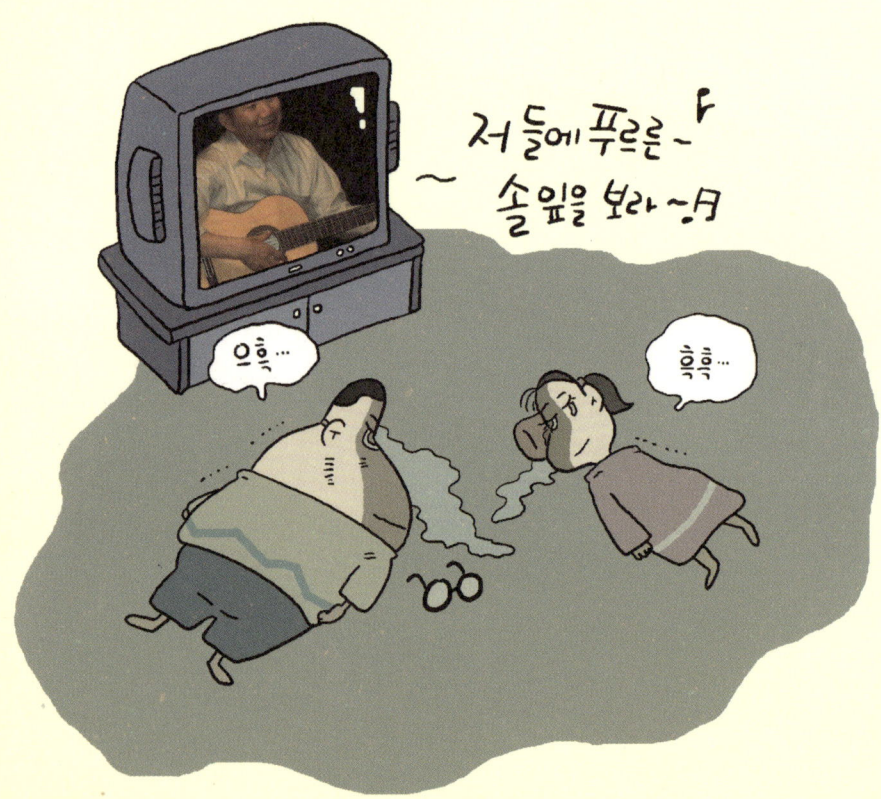

07

2009년 5월 23일 오전. 전화벨 울리다.
자다가 노무현 대통령이 서거했다는 비보를 접했다.
한동안 아무 말도 못했다.
한동안 아무 일도 못했다.
나는 늘 내 상식은 노짱의 상식과 같다고 생각했는데
노짱은 내 상식을 뒤엎고
그의 상식을 실천했다.

08

언젠가 한산해지면
내가 낸 책 예쁘게 포장하고
꽃편지 넣어 꼭 찾아뵙고
사랑한다며 고백하고 싶었던 그곳 봉하마을.
하지만 내가 봉하마을에 갔을 때
그는 없었다.

2부

아주 작은 이야기

청와대 시절, 남대문 시장이나 백화점에서
대통령의 옷을 고를 때,
나는 점원들에게 늘
우리 아버지께 입혀드릴 옷이라고 했다.
내게 대통령은 아버지처럼 자상한 사람이었다.
나는 지금도 대통령이 돌아가셨다는 것이
현실감 있게 느껴지지 않는다.
어떻게든 받아들여야 할 일인 줄
머리로는 알지만
아직 내 마음이 그런 걸 어쩔 수 없다.

아버지가
입을 옷이에요

박천숙

박천숙 비주얼 플랜 대표.
2002년 대선 후보 시절부터
노무현 대통령 재임 기간 내내
코디네이터로 일했다.

"노무현 제16대 대통령 당선 확정."
2002년 12월 19일 저녁 6시, 텔레비전에서 대선 출구조사 결과가 자막으로 뜨자 민주당사는 일제히 환호성과 박수 소리로 뒤덮였다. 기자들이 '코디네이터 어디 있어' 하며 내 쪽으로 몰려들었다. 노 대통령 후보는 기자들을 피해 여의도 아무 곳에서 쉬고 있었고 나는 수행비서들에게서 "개표 방송을 보다가 당선이다 싶을 때 오고, 그렇지 않으면 바로 집에 돌아가라"는 귀띔을 받았던 터였다. 기자들은 내가 노 대통령 후보가 있는 모 장소로 이동하리라는 것을 진작 잘 알고 있었다. 지금도 그날 여의도 맨하탄 호텔에서 급히 메이크업을 받던 그의 모습이 눈에 선하다. 당선자는 이렇게 중얼거렸던 같다.
"이게 꿈인지, 생시인지 모르겠다."

코디네이터가 골라준 넥타이입니다

　노무현 민주당 대통령 후보를 만나기 전, 나는 에스비에스 방송국 의상 팀에서 일하고 있었다. 공부도 병행했는데 홍익대 대학원에서 의상디자인을 전공하며 정치인 코디네이터라는 분야에 호기심이 있던 차에 직장 상사의 소개가 들어온 것이다. 당시 '금강캠프'로 불리던 여의도의 사무실에서 다섯 차례는 넘게 면접을 본 것 같다.

　마침내 명륜동 노 대통령 후보 자택을 찾아 갔다. 권양숙 여사를 먼저 만났는데, 서둘러 준비한 타 후보와의 비교 분석 자료, 이미지 전략 등을 설명 드렸다. 이야기를 듣고 난 여사가 바로 노 후보를 만나보라고 했다. 오케이였다. 아마도 파일을 넘겨가며 열을 올린 적극성을 평가해준 게 아닌가 한다. 당시 다른 후보들은 메이크업과 코디네이터가 따로 있었지만 노 대통령 후보는 메이크업도 내게 맡겼다.

　일산에 살았던 나는 차가 막히는 시간을 피해 매일 새벽 5시 30분까지 명륜동에 도착했다. 집 밖에서 미리 준비한 의상 스케줄을 다시 체크하며 기다리다가 후보 내외가 아침 식사를 마칠 즈음 곧바로 들어갔다. 내가 초인종을 누르면 미리 대기하고 있던 다른 보좌관들이 따라 들어오곤 했다. 나는 전날 저녁 옷장 정리를 한 다음, 후보의 스케줄 별로 계획표를 만들었다. 그 계획에 맞춰 날마다 입을 옷을 미리 걸어두었다. 만일의 '의상 사고'를 대비해 여벌의 옷을 가방에 챙겨 들고 다니며 유세 일정을 함께 소화했다. 이런 식의 삶은 청와대 생활 5년 동안에도 이어졌다.

 정치인들이 이미지 관리를 위해 전문 코디네이터를 채용하게 된 것은 비교적 최근의 일이다. 방송이 선거에 막대한 영향을 주었던 지난 1997년 대선 때부터 코디네이터의 역할이 주목을 받았다. 2002년 대선 당시, 노무현 후보는 열린 태도로 여러 진취적인 홍보 전략을 받아들였고 내가 맡은 역할에 대해서도 깊이 이해하고 있었다. 나는 '세련되지도, 촌스럽지도 않게', 누구에게나 신뢰를 주는 이미지를 콘셉트로 삼아 의상을 준비했고, 후보는 그것을 전적으로 믿고 맡겨주었다. 사실 이미지 전략에 대해 조언하는 사람이 많을수록 의상과 메이크업 콘셉트는 자주 흔들리고 그 와중에 튀는 이미지가 생겨날 수 있다. 바로 그 한 번의 튀는 이미지가 대중에게 부정적으로 각인되기에 조심스러울 수밖에 없었다.

 당시 신문과 방송에서 각 후보 별 코디 전략을 소개하는 기사가 많았다. 누가 옷을 골라주었느냐 하는 질문에 다른 후보들은 아내가 골랐다, 심지어 동네 아주머니들의 자원봉사를 받았다는 식으로 대답했다. 모두 코디네이터와 메이크업 담당을 두고 있었는데도 말이다. 하지만 노 대통령 후보는 코디네이터의 작품이라며 솔직히 이야기했고, 그 덕에 나는 몇 번이나 언론에 소개되기도 했다. 당시만 해도 전문 코디네이터의 도움을 받는 것이 부정적으로 비칠 염려도 없지 않았는데 대통령의 생각은 훨씬 앞서 있었던 것이다.

유세 일정이 급박해지면서 메이크업 시간도 점점 줄어들어 십 분에서 오 분으로, 나중엔 '일 분 완성'으로 짧아졌다. 그 짧은 시간 동안에도 보좌관들의 보고를 받았다. 한 번은 메이크업을 하며 기름종이를 사용할 때였는데 "기름 한 방울 안 나는 나라에서, 이거 너무하지요?" 하며 농담을 해 분위기를 풀어주기도 했다.

대선을 불과 한 달 앞두고 정몽준 후보와 노 대통령 후보가 단일화 협상을 벌이던 시기가 있었다. 이때가 코디네이터로서 가장 긴장한 때다. 훤칠한 정몽준 후보와 나란히 서야 할 때가 많았던 것이다. 나는 가능한 한 사선 무늬의 넥타이를 매도록 권했다. 시각적으로 역동적으로 보이게 만들고 시선을 위로 끌어올리는 효과가 있기 때문이다.

나중에 책 한 권 쓰세요

청와대로 들어가면서 '후보님'은 '브이아이피'로 불리게 되었다. 나는 대통령을 둘러싼 삼엄한 경호에도 늘 예외였다. 경호원들도 대통령에게 바로 다가가야 할 일이 있을 때마다 나를 쳐다보곤 했다. 수시로 대통령의 옷매무새를 체크하고 얼굴을 살피는 것이 내 일이기 때문이다.

박천숙 비주얼 플랜 대표가
대통령의 메이크업을 손질하고 있다.
2007년 9월 청와대.

재임 기간 동안 대통령과 함께 한 해외 순방이 50차례도 넘는다. 보좌관들도 돌아가면서 수행했으니 대통령과 영부인의 해외 순방에 빠지지 않은 사람은 경호실장, 운영관(요리사), 그리고 나 정도가 아니었을까. 국빈으로 귀한 대접을 받는 자리에 함께하는 호사를 누렸지만 일거리도 많았다. 방문국의 대통령이나 수상이 입는 옷을 미리 조사해서 행사 복장을 예측해야 하고 전통 의상을 입을 경우 그 나라 의전팀에서 미리 보내준 샘플에서 색깔과 치수를 골라 통보해줘야 한다. 의상 코드가 미리 나오는 경우는 의전팀과 논의해 대통령과 경호실의 의상을 함께 맞추는 등 확인해야 할 일이 많았다. 한 번은 한·중·일 정상들이 한자리에 모였는데 모두 붉은색 계통의 넥타이를 한 적이 있었다. 각각 톤이 다 달라서 그나마 가슴을 쓸어내렸던 기억이 난다.

가까이서 본 대통령은 주변 사람들을 편하게 해주는 분이었다. 한 번 믿고 일을 맡긴 사람들에게는 최대한 그들의 판단을 존중해주었다. 준비해둔 의상에 대해 싫은 내색 한 번 한 적이 없었다. 옷은 입어서 편하면 된다는 소탈한 성격이었다. 또 대통령은 규칙적인 생활 습관과 식사량 조절로 균형 잡힌 체형을 지녀서 기성복 95호 사이즈가 수선 없이도 딱 맞았다. 약간 선선한 기운을 좋아해서 두꺼운 방한 의류나 코트는 잘 입지 않았고, 턱시도나 커프스단추 등 구조가 복잡한 옷은 꺼리는 편이었다.

잘 알려져 있는 사실이지만 대통령은 기록을 중시했다. 내게도 후보 시절 때부터 "박 코디, 지금 겪고 있는 일들 잘 기록해놓으세요. 나중에 책 한 권 내게"라고 말했다. 처음엔 말씀대로 열심히 기록을 했는데 이런저런 사정 때문에 중단하게 된 것이 못내 아쉽다.

발가락 양말, 대통령의 유일한 사치

내게 많은 사람들이 이런 질문을 한다. 대통령의 옷은 유명 디자이너가 만들거나 비싼 옷감으로 만들지요? 적어도 노무현 대통령은 그런 일이 없었다. 계절 별로 서너 벌의 양복이 필요했는데 나이에 맞는 색상을 고려해 계절 별로 정해진 예산 안에서 맞추거나, 중년 어르신이 즐겨 입는 대중적인 국산 브랜드를 구입했다. 대통령이 자주 입는 베이지색 점퍼는 남대문 시장에서 사곤 했는데 매우 저렴한 가격대였다. 구두도 클래식한 정장 구두보다 굽이 낮고 바닥이 푹신한 종류를 애용했다. 다만 등산을 좋아해서 등산복이 남들보다 몇 벌 더 있었을 것이다.

등산복 이야기가 나와서 문득 떠오르는 것이 있다. 하루는 대통령이 말했다.

"박 코디, 산을 오를 때 등산복 바짓단이 당기잖아요? 바짓단에 단추나 벨크로(천 같은 것을 한쪽은 꺼끌꺼끌하게 만들고 다른 한쪽은 부드럽게 만들어 이 두 부분을 딱 붙여 떨어지지 않게 하는 옷 등의 여밈 장치) 같은 걸 붙여서 길이를 조절할 수 있게 만들면 어떨까요? 한 번 연구해서 만들어봐요."

옆에서 영부인이 뭘 그런 걸 시키느냐고 타박을 했다. 나는 그 아이디어가 재미있어서 이리저리 박음질을 해서 만들어 드렸는데 그 바지를 자주 입은 것 같지는 않다.

발가락 양말 이야기를 빼놓을 수 없다. 아마 대통령의 유일한 사치이지 않았을까 싶을 정도로 그는 발가락 양말을 애용했다. 색깔별, 재질 별로 여러 켤레가 구비된 발가락 양말 바구니가 있었던 것이다. 심지어 등산 양말도 발가락 양말이었다. 언젠가 무늬가 있는 발가락 양말을 사 드렸더니 무척 좋아했다.

또 대통령은 모자를 즐겨 썼다. 그것도 기념모자, 이를테면 공군 에어쇼 같은 행사에서 나눠주는 모자를 좋아해서 현관에 쌓아 두고 산책 나가며 골라 쓰곤 했다. 그래서 행사마다 기념 모자를 챙기는 일이 내 몫이 되었다.

우리 아버지가 입을 옷이에요

딱 한 번 대통령께 꾸지람을 들은 일이 있었다. 바로 2003년 탄핵 정국 때다. 대통령 업무가 정지되었다는 말을 듣고 마음을 진정시킬 수가 없었다. 도저히 대통령을 뵐 면목이 없어서 결근을 했다. 평소

비서관이나 직원들에게 늘 온화했던 분이었기에 실의에 빠진 모습을 보고 싶지 않은 마음도 있었을 것이다. 그런데 이튿날 출근했더니 대통령 내외의 기색이 평소와 별다르지 않았다. 도리어 차분한 얼굴로 무슨 일로 안 나왔느냐며 묻는 것이었다.

청와대를 나온 후 대통령은 봉하마을로 내려갔다. 인사 차 한 번 찾아뵈었을 때도 대통령은 청와대에서 늘 챙겨드리던 옷을 그대로 입고 있었다.

청와대 시절, 남대문 시장이나 백화점에서 대통령의 옷을 고를 때, 나는 점원들에게 늘 우리 아버지께 입혀드릴 옷이라고 했다. 내게 대통령은 아버지처럼 자상한 사람이었다. 나는 지금도 대통령이 돌아가셨다는 것이 현실감 있게 느껴지지 않는다. 어떻게든 받아들여야 할 일인 줄 머리로는 알지만 아직 내 마음이 그런 걸 어쩔 수 없다.

대통령의
마지막 점심

신충진

2002년부터 2007년까지
청와대 운영관을 지냈다.
지금은 신라호텔 조리장으로 일하고 있다.

　　　　　　　청와대에는 운영관이라고 불리는 직책이 있다. 청와대 살림살이를 관장하는 총무비서관실에 소속되어 대통령의 식사와 대통령이 주관하는 국빈 만찬을 비롯해 대·소 연회 준비를 총괄한다. 공무원 직제 상으로는 행정관이다.

　청와대 관저에는 두 개의 식당이 있다. 하나는 대통령 부부가 식사하는 공간이고, 다른 하나는 외부 손님과 함께 식사하는 대식당이다. 관저 외에 대통령 집무실이 있는 본관과 영빈관에도 각각 주방과 연회장이 딸려 있다. 30명 이내 손님은 운영관 소속 요리사들과 웨이터들이 직접 행사를 처리하고 더 큰 규모의 행사가 있을 때는 호텔의 케이터링 서비스를 이용한다.

　나는 제주 신라호텔 총주방장으로 일하다 노무현 대통령 취임에 맞추어 청와대에 발령을 받았다. 청와대에서 내가 일하는 직장으로 추천을 의뢰했다는데, 처음에는 의외의 제안에 조금 놀랐다. 대통령을 개인적으로 만나본 적이 없었기 때문이다. 전두환 대통령 시절부터 청와대에서 주관하는 각종 만찬에 신라호텔 소속으로 지원을 나갔던 적은 있었다. 그래서 청와대에 출입하는 게 낯설지는 않았다. 나는 4명의 조리사와 서빙 웨이터 4명, 그리고 4명의 찬모 아주머니 등 총 13명의 팀을 꾸렸다. 이리하여 5년 동안 청와대로 출퇴근하는 생활이 시작되었다.

청와대 만찬에 우유 건배를 제안하다

청와대 근무를 결정하게 된 데는 대통령에 대한 호감이 컸다. 나 또한 대통령처럼 고등학교를 졸업한 후 대학 진학은 꿈도 꿀 수 없을 정도로 가난한 시절을 보냈다. 대통령이 사법시험에 합격하며 적수공권으로 스스로 일어섰듯이 내 한 몸 건사하기 위해 무엇이라도 해야만 했다. 마침 친구 아버님이 지금의 KAL 빌딩 신관 자리에 있었던 국제호텔에서 주방장으로 근무하고 있었다. 거기서 처음 요리사의 일을 배웠고 이후 성북동의 레스토랑 곰의 집을 거쳐 신라호텔에서 20여 년을 근무했다.

청와대의 음식 재료는 주로 종로 광장시장에서 조달했다. 대부분

신충진 운영관(왼쪽에서 두 번째)이
만찬 석상의 대통령을 보좌하고 있다.
2006년 10월
반기문 유엔 사무총장 임명 축하 만찬.

내가 직접 가서 고르고, 미리 전화로 주문도 했다. 20여 년 호텔 요리사 경험으로 물건은 좀 보는 편인데 이곳 물건이 좋았다. 과일은 계절 별로 맛의 편차가 큰데도 광장시장의 물건은 일정한 수준을 유지했다. 박정희 대통령 시절부터 청와대에 납품을 했다더니, 상인들의 자부심도 대단했다.

김영삼 대통령의 칼국수, 김대중 대통령의 홍어처럼 노무현 대통령을 상징하는 음식이 따로 있지는 않은 것 같다. 대통령이 국회의원 시절부터 여의도에 있는 '부산 복집'의 복어를 좋아했다고 해서 가끔 사다 드리기도 했다. 주로 삼계탕, 붕어 찜 등 서민 음식 종류를 좋아했다. 한 번은 막창구이를 해드렸더니 내가 이 음식을 좋아하는데 진작 해 달라고 할 걸 했다. 하지만 대통령이 특별히 음식을 주문하는 일은 거의 없었다.

청와대 연회 행사의 건배는 점심에는 주스, 저녁에는 와인으로 한다. 언젠가 우유 값이 폭락하면서 젖소 농가들이 모여 시위를 한 적이 있었다. 그것을 텔레비전에서 보고는 대통령에게 "지금 농민들이 우유 값 폭락으로 고통 받고 있으니 점심 행사 건배를 우유로 하면 어떻겠습니까?" 하고 건의했다. 대통령은 흡족한 표정으로 당장에 그러자고 해서 한동안 점심 행사 건배는 우유로 했다. 이 일을 두고 어느 비서관은 내가 대통령과 국정을 논의하는 사이라며 농담을 던지곤 했다.

대통령의 지지자나 고향 사람들이 지역 특산품 등을 보내오는 경우가 있다. '진상품'이라 부를 만한 산해진미는 아니지만 정성스럽게 포장이 되어 오는데, 어떤 경우는 비닐 봉지에 꿀떡 한 봉지를 달랑 보내오는 일도 있었다. 이런 것들은 부속실에서 전달 받아 조리를 해서 대통령에게 드리기도 하고, 메뉴에 반영하기 어려운 음식은 직원들끼리 나눠 먹기도 했다. 물론 대통령 내외가 드는 모든 음식은 경호실 검식관이 먼저 먹어보고 이상 유무를 반드시 확인하는 과정을 거친다.

어느 일요일 오후의 비상 상황

대통령은 워낙 음식을 가리지 않았다. 어떤 음식이든 귀하게 생각하고, 정성을 들여 먹었다. 가끔 컨디션이 좋지 않을 때는 밀가루 음식에 알레르기 반응이 있었다. 대통령은 약 먹으면 되니까 신경 쓰지 말고 다른 사람들과 똑같이 밀가루 음식도 달라고 했지만 늘 조심하면서 식단을 조절하려고 애썼다.

또 대통령은 식사 시간이 일정해서 아침 7시, 점심 12시, 저녁 6시 반을 철저히 지켰다. 식사 시간이 불규칙하면 직원들의 대기 시간이 길어지고 음식 준비도 어렵다. 이런 사정을 대통령은 늘 헤아려주었다. 퇴임 후 봉하마을 사저에서 만났을 때, 대통령은 우리와의 약속이어서 지키려 애썼지만 쉽지는 않았다고 했다.

대개 대통령이 식당으로 나올 때를 맞춰 운영관은 식당 문 앞에서 대통령을 맞는다. 그런데 그걸 안 대통령은 대기 시간이 10분 넘도록 나오지 않으면 인터폰으로 연락을 취하고 시간을 조정 받으라 했다. 오래 서 있으면 허리에 좋지 않다는 이야기였다. 하루는 시간이 10분이 지나 인터폰을 누를까 하고 있었다. 곧 도착한 대통령이 대뜸 왜 13분이 지났는데도 연락을 하지 않았느냐며 나무라는 것이었다.

또 대통령이 식사를 하는 동안 운영관은 뒤쪽에서 지켜보다가 반찬이 떨어지면 더 드리는 것이 관례다. 하지만 대통령은 맛있던 것도 계속 먹으면 맛이 없어진다며 식사 중에는 반찬 등을 더 가져오지 말라고 했다. 직원들을 배려하는 마음이었음을 왜 몰랐겠는가.

휴일이라고 대통령이 식사를 하지 않는 것은 아니므로 운영관은 휴일이 없다고 봐야 한다. 하지만 대통령은 일주일 내내 고생하고 일요일까지 근무하면 되겠느냐며 고구마와 라면만 준비해놓고 늦게 출근하라고 했다. 내외분이 알아서 일요일 아침 식사를 만들어 들겠다는 것이다.

그러던 어느 일요일 아침, '비상 상황'이 생겼다. 의정부에 볼일이 있어 가고 있었는데 관저 주방 당번 조리사에게서 전화가 왔다. 권 여사가 점심 메뉴로 냉면과 갈비를 준비할 수 있는지 물어서 준비 시간이 부족해 어렵다고 말씀드렸다고 한다.

어떤 음식이든 먹고 싶을 때 먹어야 가장 맛있는 법이다. 평소 별식을 주문하는 일이 흔치 않았던 대통령 내외분이었으므로 꼭 준비해 드리고 싶었다. 조리사에게 면 뽑을 준비를 하라고 하고 급히 차를 돌렸다. 잘 아는 호텔에 전화를 걸어 양념갈비를 준비해달라고 부탁했다. 대부분 갈비는 하루 전에 양념을 해서 재워야 하므로 웬만한 호텔에는 항상 갈비가 있다. 나는 구기동의 냉면 집에 들러 냉면 반죽과 육수를 구입해서 결국 점심 시간에 맞춰 음식을 준비할 수 있었다. 고마워하며 맛있게 드시던 내외분 모습이 지금도 생생하다. 그날의 '비상 상황'이 청와대에서 근무하는 5년 동안 가장 기억에 남는 일이다.

대통령의 마지막 식사

사실 아무리 맛있는 음식도 똑같은 환경에서 계속 먹으면 1년 반쯤 지나 질리기 마련이다. 하지만 대통령은 재임 기간 5년 동안 별다른 말씀이 없었다. 대신에 농담 삼아 "나는 아무리 맛있어도 맛있다고 말 안 할 겁니다. 이 음식 맛있다고 하면 항상 그 음식만 내올 거 아닙니까" 했다. 아닌 게 아니라 해외 순방이 잦은 대통령이 특정 음식을 좋아한다는 이야기가 돌면 해외 공관의 공무원들이 그 음식을 준비하느라 애쓴다. 실제로 대통령이 고구마와 옥수수를 좋아한다는 걸 이런저런 경로를 통해 알게 된 해외 공관 공무원들이 대통령이 해외 순방 중일 때 다들 옥수수와 고구마를 준비해놓기도 했다. 특히 지방 행사가 있을 때마다 실무진들이 내게 대통령이 좋아하는 음식을 물어오는 경우가 많았다. 나는 대통령의 소탈한 식성을 설명하면서 현지에서 즐겨 먹는 제철 음식, 그리고 준비하는 사람이 자신 있는 것이면 무방할 거라고 답해주었다.

해외 순방을 할 때는 대체로 대통령의 일정에서 공식 연회 행사를 제외한 식사 재료를 별도로 준비해 갔다. 나는 50개국이 넘는 대통령 해외 순방에 빠짐없이 수행했는데, 권양숙 여사는 그 나라 음식에 대한 호기심이 대통령보다는 많았던 걸로 기억한다. 아무래도 방문국에서 준비하는 연회는 고유 음식 위주라서 나는 대통령의 컨디션을 고려해 주로 한식을 준비했다.

대통령 내외가 초청 만찬에 참석할 때면 나는 잠깐의 자유 시간을 누릴 수 있었다. 그럴 때는 사전에 조사한 음식 정보를 갖고 나가서 그 나라 음식을 먹어보곤 했다.

2005년 12월 노무현 대통령이 필리핀을 방문했을 때다. 필리핀 대통령 초청 만찬장에 참가했던 대통령이 복통으로 만찬 일정을 취소하고 호텔로 돌아오는 일이 벌어졌다. 그때 나는 필리핀에 사는 친지를 만나 여러 종류의 필리핀 요리를 막 먹으려던 참이었다. 갑자기 부속실에서 호출 전화가 왔다. 불길한 생각에 재빨리 호텔로 돌아갔더니 주치의가 대통령을 진료하고 있었다. 결국 매운 음식 때문에 생긴 단순 복통으로 밝혀져 모든 일행이 안도의 한숨을 내쉬었다.

2008년 2월 25일, 대통령의 임기가 공식적으로 다하고 청와대를 떠나는 마지막 날이었다. 새 대통령의 취임식에 참석한 후 대통령은 곧바로 서울역에서 밀양행 KTX를 탔다. 떠나는 비서관들과 기자들과 함께 나도 기차에 올랐다. 대통령의 마지막 식사를 준비하기 위해서였다. 대통령은 "아니, 대통령 점심을 준비해야 할 텐데, 왔는가?" 하며 반겨주었다. 나는 새 대통령의 점심을 일찍 준비해놓고, 관저의 조리사와 웨이터에게 진행을 맡기고 나왔다고 말씀 드렸다. 실제로 청와대 운영관이 새 대통령을 맞는 게 좋겠다는 여러 사람들의 의견도 있었다. 하지만 나는 생각이 달랐다. 전임 대통령들은 퇴임식 후 연희동, 상도동, 동교동 등 서울에 있는 사저로 돌아가 거기서 준비된 점심을 들었지만 대통령은 고향 길을 한참 가야 하는 것이다. 무엇보다도 나는 대통령의 마지막 식사까지 최선을 다하고 싶었다. 5년 내내 대통령 내외분에게 받은 과분한 사랑을 생각하면 보답할 방법이 달리 없었다.

'바보' 별명을
좋아했던 사람

유중희

대기업 계열사를 거쳐
제주의 공기업에서 일했다.

노무현 대통령 서거 후 문화방송은 뉴스데스크 특집에서 '바보 노무현의 원칙주의'라는 기사를 보도했다. 퇴임 인터뷰의 한 대목에서 기자가 대통령에게 물었다.

"'바보'란 별명에 대해 어떻게 생각하세요?"

"별명 중에서 제일 마음에 들었습니다. 정치하는 사람들이 바보 정신으로 정치를 하면 나라가 잘 될 거라고 생각합니다. 어쨌든 그냥 바보 하는 게 그게요……. 그냥 좋아요."

그의 육성을 들으며 나는 한동안 회한에 빠져들었다. 비록 노무현 대통령과 일면식도 없는 평범한 시민이지만 '바보 노무현'이란 별명을 처음 붙여준 당사자였기 때문이다. 지금부터 그 이야기를 하려고 한다.

노무현을 사랑한 죄

나는 2002년 창립된 제주도의 모 공기업에서 줄곧 간부로 일해왔다. 전 직장이었던 대기업 계열사를 그만두고 합류한 새 직장이었다. 그런데 2009년 느닷없이 해임 통보를 받았다. 정권이 바뀌면서 우리 회사의 시이오가 임기를 다 채우지 못한 채 하차한 적은 있지만 직원에게 해임이 적용된 것은 회사 창립 후 처음이었다. 해임 명목은 '불성실과 품위 유지 불량'이었다. 직장 생활 내내 좋은 근무 평가를 받아왔던 내게는 황당한 명목이었다.

도대체 이 일이 노무현 대통령과 무슨 관련이 있냐고 궁금해할 분이 있을 것이다. 그것을 설명하기 위해서는 노무현 대통령이 서거한 시기로 되돌아가야 한다. 국민장 애도 기간 중 나는 우연히 포털 사이트에 올라온 질문 하나를 보게 됐다. "왜 대통령까지 지낸 분께 '바보'라고 부르는가?" 하는 것이었다. 이상한 답변들이 올라오는 것을 보고 이를 제대로 알려야겠다는 생각이 들었다. 내가 사는 제주도의 인터넷 신문『제주의 소리』에 온라인으로 대통령과 주고 받았던 '바보 노무현'이란 글과 그분의 회신 글을 소개한 것이다.

그게 발단이었다. 포털 사이트에서 조횟수가 6만 6천 건이 넘어섰고 텔레비전 및 각종 언론사들은 쉴 새 없이 인터뷰 요청을 해왔다. 주변에서는 공기업에 근무하는 중견 간부가 전직 대통령과 관련

한 인터뷰를 하는 데 대해 걱정을 많이 했다. 하지만 나는 인터뷰에도 응했고 공설 운동장에 마련된 조문 시설도 찾았다. 심지어 사무실로 찾아온 기자들과의 만남도 거리낌 없이 응했다. 그것이 '불성실과 품위 유지 불량'에 해당되는 것일까?

정의를 지키는 바보를 사랑하다

나는 노무현 대통령을 대면한 적은 한 번도 없다. 오래 전부터 정치에 열렬하게 관심을 가진 적도 별로 없었다. 그럼에도 노무현은 도드라지게 내 눈에 띄는 정치인이었다. 5공 청문회로 부각된 노무현이라는 한 젊은 인권 변호사 출신 국회의원은 이미 수많은 사람들에게 사랑받는 존재였다. 나는 신군부 인사들과 재벌들을 매섭게 몰아치던 그의 논변과 불타는 정의감에 매료된 수많은 시민들 가운데 한 명이었을 뿐이다.

그는 청문회 스타에 머물지 않았다. 김영삼 전 대통령과 김종필 총재가 노태우 대통령과 3당합당을 추진하자 '이의 있습니다!' 라고 외치며 험난한 길을 걸었다. 청문회에서 각광 받은, 경쟁 관계였던 모 인사처럼 타협을 거듭했으면 탄탄대로가 열렸을 텐데도 말이다.

그는 당시 정치판에서 참으로 찾아보기 힘든 인물이었다. 그의 인기와 능력이라면 서울이나 전라도 어디에서 공천을 받더라도 지방자치 단체장이나 국회의원 배지는 떼어 놓은 당상이었다. 하지만 그는 김영삼과 소원해진 탓에 승리하기 어려울 것이 분명한 부산에서 지역 갈등을 해소하겠다는 신념으로 선거에 도전했다. 부산 시장 선거에 이어 국회의원 선거에도 계속 도전했다.

손해 볼 줄 알면서도 매번 도전을 거듭하는 노무현이 내 눈에는 분명 바보처럼 보였다. 그렇지만 나는 옳음과 정의를 지키는 소신을 위해 기꺼이 바보스럽게 살아가는 바보 정치인을 응원하고 싶었다. 나를 비롯해 수많은 유권자가 함께 바보가 되기를, 진정 당신 같은 바보가 나라를 이끄는 지도자가 되기를 기원했다.

나는 2000년 3월 22일 피시 통신 '유니텔 플라자' 게시판에 '바보 노무현'이란 제목으로 글을 올렸다. 노무현이라는 정치인에 대한 감동을 서툰 솜씨지만 글로 남기고 싶었던 것이다.

나는 정치에는 크게 관심을 가지고 있지 않지만 1980년대 후반 우리나라에서 5공 청문회가 처음 열리던 시대를 기억한다. 정경유착의 간판으로 지목된 H그룹 왕회장이 증인으로 섰는데 여야를 막론한 국회의원들이 증인을 상대로 지적하고 추궁하기는커녕 "증인님께서······?" 하며 머리를 조아리고 허리를 굽실거릴 때 동료 위원들과 같이 영특하지 못한 어느 바보 같은 사람을 알게 되었다. "나는 증인과 같은 사람으로부터 자금을 받지도 않았고 받을 일도 없을 것이다"라면서 조용하면서도 논리 정연하게 매서운 질문을 던지던, 키도 작고 별로 잘 생기지도 않은 노무현이라는 이름이 내 머릿속에 각인되기 시작했다.

또 그이가 김영삼이 대통령 한 번 해보겠다고 노태우 대통령과 구국의 결단이란 미명 하에 3당 야합을 할 때도 같이 갔으면 (이후 경선에 불복하고 여당의 선대위원장까지 지낸 이 모 씨처럼) 좋으련만 또 한 번 바보 같은 짓을 하는 것을 보았다. 그리고 수도권 또는 전라도를 택하여 국회의원이나 지방자치단체장 선거에 임했더라면 남들이 그렇게 하고 싶어 하는 그 좋은 자리를 몇 번 더 하여 관록을 쌓았을 터인데도 굳이 떨어질 것이 확실한 부산에서 내리 3번이나 떨어지는 초라한 바보의 길만 걸어가고 있었다. 그의 얼굴은 주름살만 더욱 깊어가고 현역 의원이 아닌 정치인의 모습은 더욱 초라한 바보일 뿐이었다.

98년 우연히 찾아온 종로의 보궐선거에서 금배지를 다는 맛을 보았지만 이번에도 또 부산에서 출마하겠다는 바보 같은 길을 택하고 있다. 그러나 이번만은 노무현만이 바보가 아니라 그 지역구의 유권자들도 같이 바보이기를 바라고 싶다.

'바보 노무현'을 국회의원으로 뽑아주는 바보 같은 부산 시민들!

우리는 그동안 너무도 영특한 사람을 국회의원과 대통령으로 선출하여 너무나 많은 실망을 경험하였다. 그래서 이제는 전 국민이 우직한 바보가 되어 우리 대한민국에서 거짓말하지 않고 정직하며 소신과 지조를 지키고 야합하지 않는 바보 대통령이 탄생되는 그날을 기대해보고 싶다.

노무현 바보!

부산 시민 바보!

그리고, 나도 그 바보의 대열에 끼이고 싶다.

2000. 3. 22

청문회 스타 출신 인기 정치인에게 붙여준 '바보'라는 별명은 당사자에게나 지지자에겐 황당했을 법하다. 잘나고 똑똑한 다른 정치인을 그리 불렀다면 명예훼손 감이었으리라. 하지만 노무현은 달랐다. 그는 그 바쁜 선거기간 중에도 아래와 같은 내용의 답장을 보내주었다.

안녕하십니까? 노무현입니다. 답이 늦어 죄송합니다. 제가 무어라 감사의 말씀을 드려야 할지 모르겠습니다. 정말 혼신의 힘을 다한 선거에 패하고 나서 아픔도 있었습니다. 또 한편으로는 저를 믿고 도와주시고, 함께 해주신 분들에게 참으로 미안하더군요. 이때 선생님의 글이 실려 전부 출력해서 집에서 가족들과 함께 돌려보았습니다. 글쎄, 뭐랄까요. 감동이라고 표현해야 할지……. 제가 헛되게 산 게 아니구나, 제 선택이 옳았구나 하는 생각이 많이 들더군요.

사람은 자기를 알아주는 사람에게 목숨을 바친다는 옛말이 있지요. 우리 국민이 무엇을 원하고 제게 무엇을 바라는지 다시 한 번 깨닫게 되었습니다. '어려울 때 친구가 진정한 친구'란 말도 생각납니다.

마음을 글로 전하는 게 참 어렵네요. 이 소중하고 귀한 인연, 헛되이 하지 않고 최선을 다하겠습니다. 살아가는 동안 가장 아름다운 인연으로 가꾸고 키워보려고 합니다.

최근 인터넷을 매일 한 시간 이상 하겠다고 마음 먹었습니다. 제가 공부할 자료들, 알아야 할 것들에 대해 많이 도와주십시오. 부족한 점이 많습니다. 메일을 주고받으면서 저와 한 걸음 한 걸음 가까워졌으면 합니다. 성심껏 노력하겠습니다. 지난 6월 6일은 정치인 최초로 자발적으로 만들어진 팬클럽이 행사를 해서 다녀오기도 했습니다. 선생님 덕분으로 '바보 노무현'이 '행복한 노무현'이 될 것 같습니다. 열심히 노력하겠습니다. 감사합니다.

2000. 6. 9. 노무현 드림

이상한 일은 그 후에 벌어지기 시작했다. 그가 16대 총선에서 낙선했음에도 노사모를 중심으로 '바보 노무현' 신드롬이 퍼져 나가기 시작했다. 당시만 해도 차기 대선은 이회창—이인제 후보의 구도였던 것으로 기억한다. 이것이 어느새 국민들 사이에 퍼져 나간 노무현의 '바보 철학'으로 흔들렸다. 그렇게 노무현은 대통령이 되었다.

대선 직후 어느 날 우연히 사무실에서 굴러다니던 주간지를 펼쳐보는데 노 당선자가 '바보'란 애칭을 얻게 된 경위를 소개하는 내용이 보였다. 손해를 보더라도 원칙을 지키는 노무현을 어느 네티즌이 '바보 노무현'이라고 부른 것이 시초였다는 것이었다. 내가 바로 그 네티즌이었다.

이후 나는 대통령 당선에 기여한 사람들은 노무현의 당선 자체에 큰 의미가 있으므로 어떤 대가도 바라서는 안 된다는 글을 딱 한 번 더 올렸다. 그것이야말로 시민이 만든 대통령이 홀가분한 마음으로 훌륭히 대통령직을 수행하도록 한 번 더 돕는 것이라고 생각했기 때문이다.

소주 한 잔 사 드렸어야 했는데

그가 없는 지금, 아쉽기만 하다. 그가 선거에 연패하며 낙담하던 시기 남대문 시장 연탄불 돼지목살 집에서 소주 한 잔 사 드렸어야 했다. 내가 일하던 공기업에 그가 대통령 후보 자격으로 방문했을 때, 대통령 퇴임 2~3개월 전에 내가 업무 차 청와대에 들어갔을 때 억지를 부려서라도 한 번 뵈었어야 했다. 퇴임 후 봉하마을에 찾아가 막걸리라도 한 잔 얻어 마셨어야 했다. 하지만 그는 이제 없다.

나는 뒤늦게 찾아간 봉하마을의 '아주 작은 비석'에서 대통령의 어록이 새겨진 것을 보았다. '민주주의 최후의 보루는 깨어 있는 시민의 조직된 힘입니다.' 마음속으로 따라 읽는 동안 생전에 그가 했

유중희 씨(가운데 정장 차림)가
제주시 한라 체육관 앞에서 열린
노무현 대통령 국민장에 참석했다.

던 말도 떠올랐다.

"정치가 썩었다고 고개를 돌리지 마십시오. 낡은 정치를 새로운 정치로 바꾸는 힘은 국민 여러분에게 있습니다. 우리 아이들이 커서 살아가야 할 세상을 그려보세요."

'바보 노무현이 행복한 노무현이 되겠다' 던 그의 다짐도 생각났다. 이제 그 무거운 짐 다 내려놓고 편히 쉬기를 기원한다.

그를
붙잡지 못한 죄
어찌할까

원창희

(주) 오앤앤통상 회장.
고교 시절부터
노무현 대통령의 단짝 친구였다.

1963년 초봄, 나는 노무현을 처음 만났다. 부산상고를 입학한 직후부터 46년간 그와 나는 친구였다. 그와 함께한 세월이 길어서일까. 마음에서 그를 떠나보내기가 이리 어렵다.

우리는 모교에 대한 자부심이 넘쳤다. 부산상고는 1895년 민족자본이 설립한 최초의 민족 학교인 '개성학교'가 전신이다. 일제 강점기에 많은 재학생들이 독립운동에 나섰을 뿐만 아니라 경제계로 진출한 졸업생들 또한 음으로 양으로 독립운동을 지원했다. 이기택, 신상우 등 노무현과 인연을 맺은 정치인, 신영복 성공회대 교수 등 숱한 인재를 배출했다.

우리가 입학할 무렵에는 부일장학회(정수장학회의 전신)를 설립·운영하던 자명 김지태 선생(당시 부산일보 사장)이 5.16 혁명 정부에

장학회와 재산 일부를 강제 헌납당한 후였다. 그 와중에도 김지태 선생은 모교에 학년 당 60명의 부일장학생을 선발해 3년간 지원을 계속했다. 경향 각지에서 가난한 수재들이 모여들었으니 시골 중학교 출신 까까머리였던 우리들은 자부심과 긍지가 그리도 드높았던 것이다.

 노무현은 중학교에서도 부일장학생으로 공부했고, 고교 입학시험에서도 다시 선발됐다. 체구는 작았으나 아주 총명하고 매사에 자신감이 넘치는 명랑한 성격이었다. 소풍을 가서 반 대항 장기자랑이 벌어지면 개사한 노래로 우리를 즐겁게 했고 가히 일품의 장기였던 뱀장수 흉내와 곱사춤으로 좌중을 압도했다. 그는 이처럼 신명이 있는 소년이었지만 취업과 진학 등 장래에 대한 걱정과 고민도 많았다.

잘 나가는 변호사 노무현

 고교 졸업 후 1968년 어느 날 울산에 있는 대동의원이라는 곳에서 전화가 왔다. 노무현이라는 사람을 아느냐고, 그가 다쳐서 입원했는데 보호자가 없다고 한다. 득달같이 달려가 보니 얼굴에 붕대를 감고 있어 말은 못하고, 얼기설기 필담으로 큰형에게만 알려 달란다. 몇 주 뒤 퇴원하던 날 저녁, 울산 시장골목 통술집에서 통음하며 많은 이야기를 나누었다. "사법고시에 붙기 전에는 절대로 바깥세상에 나오지 않겠다"고 했다. 그 후 그는 봉하동네 앞산 기슭에 초막을 짓고 고시 공부에 매진했다. '마옥당(磨玉堂)'이라는 이름으로 가끔 편지를 띄웠다.

고생 끝에 사법고시에 합격한 그가 부산에서 직장 생활을 하던 내게 찾아왔다. 담배도 권하고 술도 한 잔 청했지만 그는 아무것도 할 줄 몰랐다. 그동안 담배도 술도 모두 끊었단다. 순간 독하다고 느꼈다.

부산에서 변호사 개업을 한 그는 제법 잘나가는 변호사가 되었다. 아마 부산에서 다섯 손가락 안에 들었을 것이다. 부부 동반으로 자주 식사도 하고 집에 놀러 다니기도 했다. 화장실과 부엌에 늘 책이 여러 권씩 쌓여 있는 것이 인상적이었다. 이 가정은 독서가 생활이구나 싶었고, 늘 바쁘면서도 다독하는 비결을 짐작하게 만들었다.

변호사로서 생활이 안정되던 시절, 어느 날 나보고 20만 원만 내라 한다. 200만 원짜리 요트를 국내 공장에서 주문할 수 있는데 10명의 선주를 모집한다는 것이다. 거제도 바닷가 출신인 나로서는 어릴 적 타본 돛단배 생각을 하며 흔쾌히 투자했다. 배가 완성되었다는 소식에 광안리 해수욕장(당시 해수욕장 주변은 논밭이었다)에 요트를 타러 나가보니 어릴 적 시골서 타보았던 배보다 훨씬 작은 진짜 돛단배였다. 이 배를 관리하면서 타던 젊은이들은 모두 부산 소재 대학의 요트 동아리 학생들이었다. 노 변호사가 요트 동아리의 딱한 사정을 듣고 주변 사람들을 모아 좋은 일을 한 번 한 것이다.

이 일을 계기로 요트 취미를 갖게 되었는데 세일링이니 뭐니 해서 전문 교육이 필요했다. 노 변호사는 한번 한다면 하는 집중력이 대단했다. 바쁜 변호사 생활 틈틈이 일본까지 가서 요트 강사 자격증을 취득했다. 본인 이야기로는 대한민국 최초의 요트 강사 자격증이라고 자랑했다. 후일 이 요트가 모 잡지에 호화 요트로 둔갑해 보도되는 바람에 국회의원 재선 실패에 큰 영향을 미쳤다. 정치인이 언론과 싸우면 반드시 손해 본다는 주변의 만류를 뿌리치고 그는 이 거대 언론사를 상대로 소송을 제기했다. 잘 알려져 있다시피 끝까지 싸워 승소 판결을 받아내는 투혼을 발휘했는데 그 과정에서 그는 새로운 언론관을 가지게 된 듯하다.

운동권의 중심으로, 노동자의 친구로

그러던 어느 날 권양숙 여사에게서 전화가 왔다. 건호 아버지가 요즈음 무슨 일을 하는지 알아봐 달라고 한다. 정보기관에서 자꾸 연락이 오고 집에까지 찾아온다는 것이다. 그래서 친구 몇 명과 함께 광안리 어느 횟집에서 만났다. 자초지종은 이랬다.

한 학부모에게서 사건을 수임했는데 그것이 이른바 '부림(釜林) 사건'이었다. 학생들이 영장도 없이 구속되어 있을 뿐만 아니라 한 학생은 두 달 남짓 가족이 행방을 몰라 산과 들을 헤매고 다녔다는 것이다. 수소문 끝에 변호사로서 피의자들을 접견하게 되었는데 온갖 고문에 시달려 공포에 질린 얼굴을 하고 있었다고 한다. 변호사라고 해도 믿어 주지 않던 그 얼굴들을 보고 충격에 빠진 노 변호사는 그 학생들이 읽었다는 '불온서적'을 읽어보았다고 한다. 이번에는 분노가 치솟았다고 한다. 노 변호사는 "법이 없는 세상에서 변호사가 무슨 소용이냐"며 "그동안 변호사로서 호의호식한 것이 부끄럽다. 이제부터 군사 정권에 항거하고 민주주의와 정의를 위해 싸우겠다"고 비장한 결의를 보였다. 우리는 무거운 침묵 끝에 "달걀로 바위 치기니 포기하라"는 이야기 외는 아무 말도 할 수 없었다. 헤어질 때 노 변호사가 한마디 했다. "각자 인생 앞으로 가자"고.

그리고 그는 자신의 운명 앞으로 달려갔다. 6.10 민주항쟁의 중심에 있었고 최루탄 쏟아지는 아스팔트 위에서 싸웠다. 그리고 노동현장에서 열악한 노동자의 권익을 위해서 노력했다. 이때부터 "사람 사는 세상"이라는 화두를 짊어졌다.

1987년 대우조선 노사분규 중 이석규 노동자가 사망하는 사건이 일어났다. 노 변호사는 진상 조사 차 이곳을 방문했다가 군사 정권에 의해 '3자 개입'으로 기소되었다. 여러 차례 영장 기각 끝에 결국 구속되고 변호사 자격도 정지됐다. 나에게 농담 반으로 "변호사 노릇도 못하게 되었으니 취직이나 시켜 달라"는 전화가 왔다. 그래서 나는 "길거리에서 싸우지 말고 여의도로 가는 것이 효율적이지 않겠냐"라고 했다. 그랬더니 그것도 생각해볼 만한 가치가 있겠다고 했다.

노사분규의 현장에서 법률 지식으로 노동자들을 돕던 그도 국회 의원이 한 번 나타나면 언론과 정부가 움직이는 게 다르다는 걸 느끼고 있었다. 제도권 정치에도 '노동자의 친구'가 있어야 한다는 것이 그의 생각이었다.

의원직을 버리고 잠적하다

1988년 4.3 총선. 부산 동구에는 군사 정권의 최고 실세였던 허삼수 의원이 버티고 있었다. 민주당에서는 아무도 부산 동구에 나서려는 사람이 없었다.

그런데 노무현이 나섰다. 주변에서는 한사코 말렸다. "쉬운 지역이 많은데 왜 힘든 곳을 택하느냐." 하지만 그의 대답은 "내가 그를 꺾지 않으면 누가 그 일에 나서겠는가. 승패에 연연하지 않고 대의를 택하겠다"라고 했다. 그는 언제나 당당히 대의를 택했고 용감했다.

13대 국회의원이 되고 5공 청문회에서 그의 진가가 드러났다. 일약 스타 의원이 된 것이다. 사인 공세 때문에 그와 함께 다니는 것이 거북할 지경이었다.

그해 여름 내가 주선해 4명의 친구와 거제도의 어느 무인도로 갔다. 텐트를 치고 2박 3일간 낚시도 하고, 벌거벗고 수영도 하면서 지냈다. 천성적으로 거짓말이나 가식적인 행동을 못하는 그가 청문회 스타 의원이 된 덕에 전국에서 걸려오는 수많은 민원성 전화와 편지에 시달리며 도움이나 해결책을 주지 못해 무척 고민하는 듯했다. 게다가 집권 민정당이 5공 청문회에서 빠져버렸다. 그는 무력감과 허탈감에 괴로워했다. 급기야 의원직 사퇴서를 제출하고 잠적해버렸다.

YS의 민주당은 야단법석이었고 정가에 큰 파문이 일었다. 전국을 찾아 헤맸지만 허탕이었다. 도대체 어찌된 일이냐고 물었더니 나중에 그가 털어놓는 이야기가 이랬다.

"국회에 들어가면 무엇이든 할 수 있다는 희망과 기대가 있었다. 그런데 지역을 기반으로 하는 4당 체제의 지역주의 정치 풍토에서는 아무런 힘도 낼 수 없고, 할 수 있는 것도 없어 차라리 시민 사회 운동을 하는 게 사회와 국가 발전에 더 나을 것 같다는 생각으로 의원직을 던졌다"는 것이다. 그는 이 당시 나를 비롯해 주변의 여러 사람들의 이야기를 들었다. 나는 연로한 어머니와 장모 이야기까지 꺼내며 설득했고, 그는 눈물을 보이며 결국 자기 생각을 접었다. 그 모습이 지금도 생생하다.

2002년은 지옥과 천당을 왔다 갔다 한 한해였다. 수많은 사람들의 노고와 변화를 바라는 국민들의 기대로 우여곡절 끝에 12월 19일 제16대 대통령에 당선되었다. 그가 대통령이 되겠다고 했을 때 내가 "왜? 어떤 대통령이 되고자 하는가?" 하고 어느 술자리에서 질문한 적이 있다.

그는 서슴없이 "반칙 없는 공정하고 공평한 사회, 강자보다 약자를 배려하는 사람 사는 세상, 이웃집 아저씨 같은 대통령, 대학로 포장마차에서 젊은이들과 소주잔을 나누며 토론하는 대통령"이 노무현 대통령의 꿈이라 했다.

당선이 확정된 그날은 정말 기뻤다. 국민들이 눈물 나도록 고맙고 존경스러웠다. 기쁨도 잠시, 당선자가 되고 나니 이제 예전처럼 친구로 만나기는 어렵겠구나 하고 생각했다. 당선자 시절에는 비록 경호가 삼엄했지만 명륜동 집에서도 만나고 밖에서도 만날 수 있었지만 말이다.

취임 전 마지막으로 그가 부산에 왔다. 부산, 울산, 경남 지역에 인연이 있는 분들과 만찬을 하는 날이었다. 행사 2시간 전에 모 호텔 룸으로 오라는 연락이 있었다.

경호원이 당선자 혼자 쉬고 있는 방으로 안내해주었다. 할 말이 많았는데도 무슨 말부터 해야 할지 몰라서 이런저런 이야기 끝에 앞으로 만나려면 어떻게 해야 되는지를 물어보았다. 그랬더니 수행 비서관을 불러 어떻게 해야 하는지 물었다. "제게 전화로 연락하면 됩니다"라고 한다. 당선자가 내게 "너에게서 연락이 오면 아무리 바빠도 24시간 내에는 연락할게"라고 약속을 했다. 그리고 그 약속을 5년 내내 한 번도 어기지 않았다.

그는 수줍음이 많아서 속마음을 남에게 잘 전하지 못하고 가슴속에 오래 간직하는 사람이다. 선거 때마다 크고 작은 도움을 준 선후

배나 동기생들 가운데는 고맙다는 전화나 엽서 한 장 없어 서운히 생각하는 이들도 더러 있었다. 옆에서 보기 안타까워 그런 사후 관리 서비스를 잘해야 한다고 하면 그는 굉장히 겸연쩍어했다. 고마움은 입에 발린 말보다 마음속에 간직한단다.

취임 후 어느 날 비서관에게서 전화가 왔다. "○○○을 아십니까?" 하고, 대통령이 고교 시절 하숙비가 없어 어려울 때 몇 달간 숙식을 도와준 분이라 꼭 찾고 싶으니 나보고 좀 알아봐 달란다. 그러나 내가 아는 이름이 아니라 도움을 줄 수가 없었다. 그 후 어떻게 되었는지 알아봤더니 끝내 찾아서 청와대로 불러 식사 대접을 했다고 한다.

재임 중 그 바쁜 중에 가끔 나를 불러서 주변의 근황과 민심을 물었고 위로 차 내가 만남을 청했을 때 한 번도 거절한 적이 없었다. 하지만 만날 때마다 항상 힘들어 보여서 힘내라는 격려밖에 할 말이 없었다.

즐거웠던 한때도 있었다. 2005년 고교 동기생 부부들을 청와대에 초청한 일이 있었다. 청와대 앞뜰에서 동기생들을 만나자마자 그는 일일이 이름을 기억하고 학창 시절의 추억담을 나누었다. 그의 비상한 기억력에 모두가 놀라워했다. 졸업 후 40년 만의 만남이었는데 70퍼센트 이상 이름을 기억했다. 타자 시간에 한글 타자를 배운 후 처음 쓴 동기생의 연애편지 구절까지도 기억하고 있었다. 그냥 건성이 아니라 그 많은 동기생들을 일일이 끌어안고 근황과 추억담을 나누는 모습에서 대통령은 없었고 인간성 좋은 동기가 있을 뿐이었다.

귀향, 그리고 부풀었던 꿈

2004년쯤으로 기억된다. 관저에서 만찬을 하게 되었는데 퇴임 후 생활에 대한 이야기가 나왔다. 명륜동 집을 팔고 청와대에 들어갔으니 어디서 살 것인지가 화제에 오른 것이다.

그런데 그에겐 정작 아무런 계획이 없었다. 그래서 내가 부산 쪽으로 오면 좋겠다고 했다. 지방분권과 균형발전정책을 추진했으니 성공한 사람이 귀향해 고향을 위해 봉사하는 새로운 문화를 만드는 것이 좋지 않겠냐고 했다. 그것이 또한 옛 선비 정신이기도 하다고 했더니 좋은 생각이라고 동의했다. 아마 이미 마음 먹고 있던 것을 읽어낸 것이리라. 어떻든 여러 검토를 거쳐 고향 봉하마을로 귀향하게 됐는데 차라리 귀향하지 않았더라면 어떠했을까 싶어 마음이 무거울 때가 많다.

퇴임 후 그는 할 일이 많았다. 자신의 귀향이 고향 사람들에게 피해를 주는 게 아니라 도움이 돼야 한다는 생각에 항상 마음이 바빴다. 공해로 찌들어가는 화포천 등 주변 하천을 생태 하천으로 복원하고, 유기농 오리농법 도입, 장군차밭 조성, 봉하산 생태 숲, 생태자연 학습장 조성 사업에 심혈을 기울였다. 게다가 전국에서 찾아오는 방문객들은 얼마나 많은지, 하루 2번씩 '만남 서비스'까지 해야 했다.

밀짚모자를 쓰고 자전거를 탄 그는 완전히 고향 마을에 동화되어 있었다. 늘 아름다운 농촌 봉하마을 이야기만 했다. 내게도 봉하마을로 이사 오라고 종용했다. 그때마다 나는 조금만 기다려 달라고 했다.

그와 마지막으로 만난 것이 2009년 5월 9일 토요일이었다. 한참 좋지 못한 분위기를 위로하고자 몇몇 친한 부부와 저녁을 하자고 말을 넣었다. 약속 날짜 2~3일 전쯤 전화가 왔다. 혼자만 오란다. 여러 사람을 만나는 것이 편치 않은 듯했다. 단골집에서 회 도시락을 싸서 우리 부부만 갔다.

오후 5시 조금 넘어 도착해 차를 마시는데, 힘이 없어 보이고 얼굴이 좋지 않았다. 허리가 불편하다고 했다. 오래 앉아 있지를 못했다. 두 부부가 이런저런 지나온 이야기와 가정사를 이야기하는 끝에 문득 그가 "너는 요즘 어떻게 먹고사느냐?" 하고 뜬금없는 질문을 했다. 서로 사정을 잘 아는 터라 순간 조금 이상한 생각이 들었다. 그래도 돌이켜 보면 매번 어려운 고비가 있었지만 금방 지나가더라, 최근의 고비를 잘 견뎌보자, 전화위복의 계기가 될 것이다, 하는 이야기를 했다.

그때까지만 해도 그는 사법적으로 대응할 각오도 있었다. 하지만 사법적 사실 관계보다 창피주기식 언론 보도 태도가 더 힘들었던 것

2001년
부산 롯데호텔에서 열린
대선 출정식에서.

같다. 회갑 선물로 받았다는 고급 시계에 대해 물어봤다. "시계는 본 적도 없다"고 한다. 도대체 어찌된 일일까? 권 여사는 모든 것이 나 때문인데 저 분을 힘들게 해서 정말 미안하다고 울먹였다. 주변 사람들에 대한 무자비한 수사가 그를 더 힘들게 했다. 모든 것이 자기 때문이라는 생각을 떨칠 수가 없었던 것 같다. 그런 상황에서도 누구 하나 원망하거나 탓하지 않는 모습을 보며 나는 더욱 마음이 아팠다. 헤어지며 "기자들이 진을 치고 있으니 자주 오지 마라"고 했다.

그리고 2주 뒤 토요일이었다. 아침 일찍 봉하마을에 가려고 현관문을 나서는데 한 통의 전화가 걸려왔다. 산에서 떨어져 병원으로 실려 갔다고 한다. 청천벽력이었다. 발을 헛디뎌 조금 다쳤거니 했다. 무사하기만을 빌었다. 양산 부산대 병원으로 갔다. 이미 그는 이 세상 사람이 아니었다. 그가 어릴 적 꿈을 키우던 봉화산 부엉이바위에서 귀향의 꿈을 접고 만 것이다. 한동안 쏟아지던 눈물이 이제는 더 이상 나오지 않는다.

봉하마을로 운구하던 날, 어느 아주머니가 절규했다. "당신들은 이때까지 무엇을 하다 사람 죽고 나서 나타나서 야단이냐, 살아서 고초를 겪을 때 당신들은 어디서 무엇을 했느냐." 참여정부의 참모들과 주변을 향한 절규가 더욱 가슴을 파고들었다.

그가 항상 하던 말이 생각난다. "열 사람이 덕 보는 것보다 한 사람이라도 억울한 사람이 생기지 않아야 한다. 억울함은 대를 이어 한이 된다. 정치가는 억울한 사람이 없도록 하는 데 최선을 다해야 한다"는 것이 그의 지론이었다. '진실과 화해를 위한 과거사 진상규명위원회'나 '제주 4·3항쟁 진상규명 및 희생자 명예회복' 등 공권력에 의한 억울한 피해를 밝히고자 했던 것도 그런 이유에서였다. 하지만 정작 자신이 겪은 억울함은 스스로 짊어지고 떠나버린 것이다.

그는 정답고 유쾌한 친구였으며 진실로 남다른 삶을 산 인물이었다. 그는 늘 겸손하고 특권의식이 없었다. 내가 보아온 인간 노무현은 근본에 변함이 없었다.

그와 교우하며 지내온 46년 세월을 돌이켜보면 한 조각 꿈만 같다. 그래서 나는 그와 나눈 인연을 감사하고 자랑스럽게 생각한다. 그는 먼저 돌아갔지만 나는 평생 그의 곁을 지킬 것이다. 하지만 그를 붙잡지 못한 죄는 어찌할 것인가?

초상화로 만난
짧은 인연

이종구

화가. 중앙대학교 서양화과 교수.
2005년 국립현대미술관의
'올해의 작가'로 선정되었다.

2009년 5월 23일 토요일 아침. 노무현 대통령이 서거했다. 나는 그때 운전 중이었다. 마침 그날부터 지방에서 개인전을 열기로 돼 있었다. 라디오 뉴스를 통해 그 소식을 접하는 순간 핸들을 잡은 손이 바르르 떨리는 것을 느꼈다.

이틀 뒤 나는 봉하마을로 출발했다. 사실 덕수궁 앞이나 다른 분향소를 찾을까도 생각했지만 봉하마을로 직접 가지 않으면 마음이 편치 않을 듯했다. 기차를 타고 진영역에 내려 셔틀버스로 분향소에 도착했을 때는 저녁 무렵이었다.

봉하마을 방문은 처음이었지만 낯이 익은 풍경이었다. 마을 오른쪽으로 사자바위와 부엉이바위가 보이는 봉화산이 병풍처럼 펼쳐져 있었고, 마을과 봉화산 경계 부근에 대통령의 사저가 있었다. 이 동네에서 자전거를 타기도 하고, 매일 찾아오던 수백 명의 시민들을 환한 웃음으로 맞이하던 대통령의 모습이 떠올랐다. 마을은 온통 대통령을 추모하는 현수막으로 덮여 있었다. 마을회관 마당에 차려진 분향소에는 사람들이 긴 줄을 만들었다. 차례차례 헌화를 하는 그들은 하나같이 눈시울을 훔쳤다.

화가의 자존심을 배려한 대통령

2007년 4월 중순 어느 날. 청와대에서 근무하는 학예연구사 조 선생에게서 전화가 왔다. 내년에 퇴임하는 노무현 대통령의 초상화를 그려 달라는 부탁이었다. 역대 대통령의 초상화와 함께 청와대에 소장 전시할 작품이라고 했다. 조 선생은 초상화 작업을 위해 아무래도 대통령을 한번 뵈어야 할 것이라고 말했다. 초상화를 현장에서 그리는 것은 아니다. 하지만 우리의 전통 초상화는 그려지는 사람의 얼과 마음을 느끼도록 그리는 일 즉, 전신(傳神)을 중시한다. 그래서 주인공과 직접 대면해 화가와 감정을 소통하는 과정이 필요하다.

열흘 정도가 지나 나는 청와대에서 대통령을 만났다. 점심 식사자리였다. 대통령은 여러 이야기를 했다. 농촌에서 태어나 그 정서를 잘 아는 그는 내가 우리나라 농촌 현실을 주로 그려왔다는 것에 호감을 갖고 초상화를 부탁하게 됐다고 말했다. 그러면서 이라크 파

노무현 대통령 초상,
65×53cm,
캔버스에 유채,
2008, 청와대 소장.

ⓒ 이종구

병, 한미 FTA, 스크린 쿼터 같은 외교 문제와 난마같이 얽힌 국정 문제 등을 1시간 20여 분 동안 털어놓았다. 특히 이라크 파병과 한미 FTA 문제를 얘기할 때는 그것에 반대해온 내 입장을 헤아린 듯했다. 대통령으로서 판단할 수 있는 자율성의 범위와 그 한계, 특히 미국의 요구를 대통령 혼자 판단해서 처리할 수 없는 현실적인 상황을 토로했다. 스크린 쿼터 문제에 대해서는 자신을 대신해 문화예술계 사람들에게 이해를 시켜줬으면 좋겠다고 했다. 또 한창 일본과 대립각을 세우고 있을 때라 일본의 국가적인 도덕성과 국제 사회에서의 책임을 지적하는 이야기도 나왔다. 이야기를 들으면서 나는 대통령이 아주 솔직한 분이라는 것을 다시 느꼈다.

식사 말미에 어떤 모습의 초상화로 그렸으면 좋겠냐고 물었다. 농

ⓒ 이종구

촌에서 자란 정서와 소탈한 성품 그대로 그려달라고 했다. 농촌의 사랑방에서 이웃들과 농사에 대해 얘기하고 농담도 하면서 살아가는 자연인의 모습이면 어떨까 했다. 말하자면 권위적이고 근엄한 대통령상이 아니라 인간 노무현의 초상화를 그려줬으면 좋겠다는 것이었다. 나는 대통령께서 직접 초상화를 그리는 데 활용할 사진을 골라주면 좋겠다고 말했다.

대통령은 현관까지 나와 배웅하면서 한마디 덧붙였다. 이 화백 말고 다른 동양화가 한 분에게도 초상화를 부탁하겠다고 한다. 말하자면 기법이 다른 그림을 두 명의 작가에게 의뢰한다는 말이다. 행여 나중에 한 작품만을 선택할 경우 다른 작가에게 결례가 될 수 있으므로 미리 이해를 구하는 것이었다. 화가의 자존심을 존중하는

1992년 학고재 갤러리에서 열린
〈땅의 사람들〉 전시에서.

배려였다.

나는 청와대 만남 이전에 정치인 노무현을 한 차례 만난 적이 있다. 1992년 가을 학고재 갤러리에서 내 개인전 〈땅의 사람들〉이 열렸을 때다. 민예총 이사장을 지낸 김용태 선배와 함께 왔던 걸로 기억한다. 그 무렵 그는 지역주의 타파를 위해 낙선을 각오하며 고향 부산에서 국회의원 선거에 출마했고 낙선의 고배를 마셨던 직함 없는 정치인이었다.

그는 농촌과 농민을 주제로 한 나의 졸작을 보고 격려를 해주었다. 가난한 농촌 출신이어서 남달리 사회적 약자에 애정과 연민이 많았던 분이었으니 그림 속에 등장하는 농촌 현실과 농민의 삶에 깊은 인상을 받았던 것 같다. 그때 전시회 방명록에 쓴 대통령의 단정하고 힘 있는 글씨체의 서명은 지금도 선명히 남아 있다.

초상화가 표준 영정이 될 줄이야

대통령은 네 장의 사진을 우편으로 보내왔다. 대개 소탈하게 웃는 모습이거나 스냅 사진에 가까운 이미지들이었다. 인간 노무현의 자연스러운 이미지를 다시 한 번 요구하는 것 같았다. 그런데 그런 사진을 보고 그림을 그리는 데에는 몇 가지 문제가 있었다. 대통령은 파격의 소탈한 이미지를 말했지만 청와대 본관에 걸린 역대 대통령

청와대 본관에 걸린
역대 대통령 초상.

의 초상화들과 어느 정도 균형을 맞춰야 하는 조율이 필요했다. 무엇보다 나는 내가 존경하는 대통령의 소탈하지만 근엄하고, 권위적이지 않지만 준수한 초상화를 그리고 싶었다.

네 장의 사진 중에는 다행히 태극기를 배경으로 한 '준수한 모습'의 사진이 있었다. 한 점 의심도 없이 그 사진으로 작업을 시작했다. 우연히도 그 사진은 대통령이 서거한 후 국민장을 치를 때 표준 영정으로 사용한 사진이었다.

초상화를 그릴 때 전적으로 사진 이미지에만 의존하는 건 아니다. 창작이란 모름지기 작가의 상상력과 생각을 담는 것이다. 초상화의 경우도 인물의 외형뿐 아니라 인품이나 철학 등 내면적인 모습을 담아야 한다.

나는 원본 이미지에 충실하게 작업을 하면서도 두 곳을 새로운 이미지로 변형시키거나 시각적 효과로 강조했다. 원래 사진 속의 은색 넥타이를 빨간색으로 바꾼 것과 왼쪽 머리 부분과 배경 사이에 약간의 후광 효과를 살린 것이다. 그것은 초상화라는 제한된 조건에서 작가의 감정이입을 드러낼 최소한의 장치였다. 빨간색 넥타이는 젊은 의식으로 개혁에 앞장섰던 대통령의 모습과 민주주의를 상징했다. 과거 제왕적이고 권위적인 대통령상을 스스로 버리고 친민(親民)의 정치를 위해 힘쓴 대통령이었다는 점에서 나는 존경의 뜻을 후광의 효과로 표현하고자 했다.

내가 그린 초상화는 대통령 퇴임을 며칠 앞두고 청와대 본관에 걸

⟨봉화산⟩
65×130cm,
캔버스에 아크릴,
2010.

렸다. 역대 대통령 초상화의 맨 왼쪽, 그러니까 김대중 대통령 초상화의 옆이다.

나이 들수록 아름다워지는 사람

　대통령이 서거한 후 장례 기간 동안 여러 곳의 언론사에서 전화가 왔다. 초상화를 그린 작가로서 대통령의 서거를 어떻게 느끼는지 묻는 내용이 대부분이었는데 함께 애도하며 위로해주는 기자들도 많았다.
　보수적인 일간지에 기명 칼럼을 쓰는 한 기자는 대통령이 작고하기 전부터 몇 차례 전화를 걸어왔다. 그는 대통령이 검찰에 출두할 때의 모습과 내가 그린 초상화의 이미지가 아주 유사하다면서 칼럼의 논조를 미리 정해놓고 내 답변을 거기에 끼어 맞추려고 해서 나중에는 아예 그의 전화를 받지 않았다.
　그런데 그와 몇 차례 통화를 하면서 공감하는 부분이 있었다. 대통령이 과거 국회의원 시절이나 변호사 시절보다 대통령 재임 시절이나 퇴임 후의 모습이 더 보기 좋다는 것이다. 젊은 시절의 다소 '까칠한' 인상과 달리 잘생긴 모습으로 변화했다는 말이다.
　생각해보니 정말 그랬다. 나이 들면서, 더욱이 근년에 이르러 따뜻한 인품이 온몸에서 넘쳐날 뿐 아니라 점점 편안하고 넉넉한 모습으로 보였다. 특히 퇴임 후 사저 대문 밖으로 나와 사람들을 맞을 때의 소탈하고 '애교' 넘치던 모습은, 젊은이들 사이에서 '노간지'라 부르던 애칭이 조금도 과장이 아니라는 것을 알게 되었다. 나는 바로 그런 모습과 인품을 초상화에 담고 싶었지만 그림은 생각처럼 잘 되지 않았다. 그분의 인품과 철학, 진솔함과 진정성을 담아내기엔 나의 필력이 빈약했던 것이다.

2009년 5월 29일 노무현 대통령의 영결식이 국민장으로 거행됐다. 아침 일찍 광화문으로 나갔다. 광화문과 세종로는 영결식이 시작되기 전부터 추모 인파로 넘쳤다. 바로 한 해 전에는 미국산 쇠고기 수입 반대를 위해 촛불을 들고 광화문으로 나온 내가 지금은 억울하게 죽음을 맞이한 대통령을 추모하기 위해 다시 같은 자리에 서 있다는 것이 비현실적으로 느껴졌다. 불과 이태 사이 우리나라의 정치 현실과 정권의 양태는 너무도 달라져 있음을 실감했다.

사실 대통령은 재임 후반기에 인기가 별로 없었다. 다들 알듯이 정책 입안과 실행 과정에서 수구 세력과 보수 언론이 늘 발목을 잡았고, 지역주의와 맞선 싸움도 힘에 부쳤다. 더구나 대통령이란 자리는 정책에 따라 공과가 선명히 드러나고, 이해의 관점에 따라 존경과 경멸의 대상이 될 수 있다. 그런 점에서 적어도 그가 실행했던 정책에 잘못도 있었고 실수도 있었으리라고 본다. 하지만 그런 과실에 못지않게 대한민국 대통령으로서 그는 많은 공을 남겼다. 생전에 그를 충분히 이해하지 못했던 많은 이들이 봉하마을에서, 덕수궁 대

〈봉화산〉
49×21cm,
캔버스에 아크릴,
2009.

한문 앞에서, 그리고 광화문과 시청 앞 영결식에 구름같이 몰려들어 애통해하고 슬퍼하는 것에서 그것을 확인하고도 남는다.

노무현, 당신을 사랑합니다

경복궁 마당에서 영결식이 끝나고 시청 앞 광장에서 노제가 이어졌다. 행사가 시작되자 마이크를 잡은 방송인 김제동 씨의 목소리가 크게 들려왔다. "미안해하지 말라고 하셨지만, 그러나 오늘은 우리가 미안해하겠습니다." 그는 대통령께서 남긴 유서를 한 구절 한 구절 읽으며 역설적인 이유를 들어 당신을 지켜주지 못한 미안함과 사과를 절규하듯 토해냈다.

노제가 끝날 무렵 망자의 혼을 달래는 의식이 진행되면서 하얀 종이가루가 시청 앞 광장에 함박눈처럼 쏟아졌다. 노란색의 커다란 현수막이 대형 크레인 위에서 힘차게 펼쳐졌다. 사회를 보던 도종환 시인이 큰 소리로 현수막에 쓴 글씨를 따라 외쳤다.

"노무현, 당신을 사랑합니다!"

우리는 사회자의 외침에 따라 크게 복창했지만, 마지막 구절까지 온전히 따라 하기에 그 짧은 문장은 나에게 너무도 길었다. 목이 메었던 것이다. 사방에서 흐느끼는 소리가 들려왔다. 나도 울었다.

정말 이상한 행렬

　국민장이 끝나고 1주일 뒤, 나는 다시 봉하마을을 찾았다. 아직 철수하지 않은 빈소에는 여전히 수십 미터의 조문 행렬이 이어졌다. 뒤늦게 그의 죽음을 슬퍼하고 영면을 기원하는 행렬이 이어지고 있었다. 장례식이 끝난 빈소에 끊임없이 몰려드는 이 기나긴 행렬을 도대체 어떻게 이해해야 할까 난감해하는데 옆에 있던 황지우 시인이 간단히 정의했다. '정말 이상한 행렬'이라고. 일찍이 보지 못했던 이 특별한 추모의 풍경을 말이다.

　그날 나는 일행들과 봉화산을 답사했다. 해발 140미터에 불과한 야산이었지만 평범한 여느 마을의 뒷산과는 사뭇 달랐다. 기암절벽과 선사시대의 유적, 그리고 불교 유물이 산재해 있는 범상치 않은 야산이었던 것이다. 산에서 느껴지는 강한 기운 때문에 이곳에서 대통령이 나고 또 좌절을 맞은 것이 결코 우연이 아닌 듯 여겨졌다.

　그날 부엉이바위에서 내려오다가 나는 기이한 마애불 하나를 만났다. 대통령 사저 부근에 아득히 솟은 부엉이바위나 선사시대 제사터가 남아 있는 사자바위도 기이한 풍경이었지만 오래 전(고려 시대) 조성한 마애불이 쓰러진 풍경이 오래도록 눈을 끌었다. 마애불상은 원래의 자리에서 굴러 떨어졌는지 커다란 바위틈에 끼어 왼쪽으로 누운, 와불 아닌 와불의 형상으로 쓰러져 있었다. 누워 있는 부처가

비감스러웠다. 나는 저 마애불이 다시 바로 세워졌으면 좋겠다고 생각했다.

    내게 대통령은 초상화로, 또는 작품으로 아주 짧은 인연을 맺었던 분이다. 하지만 지금, 그와 함께 동시대를 살았던 기억이 아득하게 느껴진다. 스스로 권위를 버리고 국민을 받들려 했던 특별한 대통령과 나는 하나의 시대를 통과해온 것이다. 분명한 것은 그가 때로는 뜨거운 열정으로, 때로는 따스함으로 사람들의 가슴을 뛰게 만들었다는 것이다. 그가 떠난 지 벌써 한 돌이 다가온다. 슬픔보다 그리움이 커져가는 것을 어찌해야 할지 모르겠다.

대통령의 귀향,
72시간의 만남

이경묵

KBS 프로듀서.
〈다큐멘터리 3일〉을 연출하고 있다.

 2008년 2월 25일, 한 남자가 고향으로 돌아왔다. 그러자 두 시간에 겨우 버스 한 대 다니던 작은 마을에 변화가 찾아왔다. 사람들이 몰려들기 시작한 것이다. 평일에도 관광버스를 대절해 찾아오기도 하고, 수학여행 가던 학생들이 들를 정도로 새로운 관광 명소로 자리 잡았다. 주말이면 3천여 명이 몰려와 온 동네는 물론 마을 입구까지 주차장이 되었다. 김해 봉하마을의 새로운 전입자, '전직 대통령'을 보기 위해서다.

 노무현 전 대통령의 귀향 후, 두 달여 동안 봉하마을을 찾은 방문자 수는 23만 명. 사실 참여정부 말기에 스스로 '인기 없는 대통령'이라 말할 정도로 낮은 지지율을 기록했던 그였다. 그런 그의 고향에 하루에도 수천 명이 찾아온다는 것은 그 누구도 예상치 못한 일이었다. 사람들은 왜 전직 대통령의 귀향에 그다지도 관심을 보이는 것일까? 이 물음표 하나로 〈다큐멘터리 3일―대통령의 귀향, 봉하마을 3일간의 기록〉(2008년 5월 3일 방송)' 편이 기획되었다.

봉하마을의 주민, 노무현을 만나다

2008년 4월 24일. 퇴임 두 달을 맞은 봉하마을 '주민' 노무현 전 대통령의 일상을 담기 위해 촬영 팀과 함께 그의 고향을 찾았다. 프로그램 제작을 위한 만남이긴 해도 세 번째 계속되는 인연. 개인적으로도 무척이나 기대되는 만남이었다.

대통령과의 첫 번째 인연은 10여 년 전, 당시 해양수산부 장관 시절로 거슬러 올라간다. 〈체험 삶의 현장〉은 출연자들의 고생을 담보로 제작하는 프로그램. 부산 바닷가에서 해저 쓰레기 수거 작업을 체험해야 했던 그는 온몸을 바닷물에 던져가며 우직하게 촬영에 임했다. 카메라 안과 밖에서 결코 다르지 않은 모습이 '참 그답다'는 인상을 심어주었다.

그리고 대통령 재임 시절엔 〈도전 골든벨〉을 청와대에서 진행하며 두 번째 인연이 이어졌고, 퇴임 후엔 〈다큐멘터리 3일〉로 세 번째 인연이 닿았다. KBS에 프로듀서로 입사한 지 13년, 내게 허락된 이 세 번의 우연 같은 만남은 어쩌면 필연이 아니었을까?

〈다큐멘터리 3일〉 PD로서 세 번째 만남은 대통령의 사저 대문 앞에서 시작됐다. 언제 그 모습을 볼 수 있을지 알 수도 없는 상황. 그를 무작정 기다리는 사람들 사이에 똑같이 자리를 잡았다. 어떤 젊은이는 효도 관광으로 연세 많은 부모를 모시고 오고, 어떤 부모들은 애들 손목을 잡고, 목말을 태운 채 땡볕에서 기다리고 있다.

"내가 대통령 보러 왔어. 칠십 평생 대통령 실물을 못 봤기 때문에 천릿길을 달려왔다고."

― 전남 순천의 조재현 할아버지(70)

"여기 오려고 밭 매서 하루 일당 2만 5천 원씩 벌어 가지고 옷도 하나 사 입고…… 신발도 하나 사 신고 왔어. 이래뵈도 메이커여……."

― 전남 화순의 조이남 할머니(62)

전국에서 갖가지 사연을 안고 찾아온 사람들. 그들은 기다리다 지칠 때면 청와대 살던 전직 대통령을 향해 "나와주세요~"를 목청 높여 외치고, 그럴 때면 그는 하루에도 많게는 열 번 이상을 집 앞으로 나와 방문객들을 맞이한다. 하루에도 몇 차례나 반복되는 일상. 뻐꾸기시계 속의 뻐꾸기도 아닌데, 그라고 힘들 때가 없었을까?

"손님이잖아요. 손님이 왔는데 내가 여기 없으면 모르지만, 있을

〈다큐멘터리 3일〉
촬영 장면.
2008년 4월 26일.

때는 손님이 왔는데 안 내다본다는 게…… . 이제 시작해놓으니까 그만둘 수도 없어. 백수잖아요. 그거라도 해야지. 하하하."

사실, 봉하마을에서 촬영을 시작할 때만 해도 대통령과의 단독 인터뷰는 계획되어 있지 않았다. 봉하마을의 주민이 되었다 해도 그는 어디까지나 전직 대통령으로서 경호를 받아야 하는 '귀하신 몸.' 경호 수칙이 허락하는 한도 내에서만 접근이 가능하다는 통보를 받은 상태로 촬영에 임할 수밖에 없는 형편이었다.

그런데 늦은 저녁 시간. 산책을 나선 대통령 부부의 모습이 촬영 팀의 눈에 들어왔다. 수수한 점퍼 차림에 길에 떨어진 쓰레기를 줍고 있던 전직 대통령. 어두운 탓도 있었지만, 그러한 일상적인 모습은 눈앞에서 보고도 쉽게 받아들이기 힘든 예상 밖의 생경한 모습이었고, 진정한 〈다큐멘터리 3일〉식 만남이었다. 촬영 팀은 미처 조명도 준비하지 못한 채 무조건 카메라를 들고 뛰었고, 낮에 방문객들과 막걸리 잔을 주고받은 대통령은 살짝 불콰해진 얼굴로 기분 좋게 급작스런 인터뷰를 승낙했다. 퇴임 후, 언론 카메라 앞에서의 첫 인터뷰는 그렇게 이루어졌다.

"옛날에는 지식의 축적이 굉장히 중요하던 시기입니다. 그래서 사람이 일생 동안 지식을 축적하면 그 축적된 지식으로 남을 지도라 할까 그리할 수 있었어요. 그런데 지금은 사회 변화가 빨라서 축적된 지식이 새롭고 유용한 지식으로 작용할 수 있는 주기, 시간이 너무 짧아졌어요. 짧아지고 …… 민주주의에 있어서도 보다 많은 사람들이 정치에 대해 관심을 가지고 끊임없이 변화하는 사회에 새로운 이론들을 적용시켜 나가기 때문에 현대 사회에서 소위 경험에 의해서 원로로 성장한다는 것, 축적된 지식에 의해서 그 사회에서 원로 역할을 한다는 것이 쉽지 않은 현실입니다. 우리가 흔히들 말하는 전직 대통령, 국가 원로 이런 이야길 하는데 나는 앞으로 우리 사회에서 국가 원로라는 존재가 과연 자기 자리가 있을까 생각해봅니다. 대통령을 지냈으니까 뭔가 국가 원로로서 사회에 대해서 발언하고 작용하고 …… 그런 시대가 계속될 것이냐에 대해서 회의적이죠. 그냥 빨리 시민으로 돌아가는 것이 훨씬 더 현실적이고 또 그런 것이 오히려 미래에 더 모범이 될 수 있을 것이다 생각합니다."

시민 노무현, 고향에서 꿈을 설계하다

조명을 준비하는 동안 가로등 불빛 아래서 시작된 '취중 인터뷰'는 사저 뒤편까지 이어지는 산책길에서도 계속됐다.

"난 그래서 원로 역할 같은 것에 대해서 별로 관심을 가지고 있지 않습니다. 그냥 한 사람의 시민으로서, 그러나 좀 영향력이 있는 시민이죠. 주목받는 시민이니까 내가 일을 잘하면 다소 파급 효과가 크게 확산될 수 있고 또 시민으로서 할 때 거기에 많은 사람들의 공감대도 넓어지고 또 같이 한번 해볼까 하는 느낌을 가지는 것이지, 내가 행동하지 않고 어디 높은 자리에 앉아서 계속 원로 노릇만 한다면 시민들과 동떨어질 것이라 생각합니다. 시민과 함께 행동하고 그러면서 시민과 공감대를 형성하는 것이지요. 아무튼 뭐 그런 의도를 가지고 여기 와서 뭘 하는 건 아니지만 시민으로서 가치 있는 일, 해보고 싶어 하는 일이고요. 결과적으로 시민과의 거리는 원로가 아니라 시민일 때 더 가까울 것이란 생각을 하죠."

국가 원로로 대접받기보다 영향력 있는 시민의 역할에 충실하고 싶다는 사람, 노무현. 그의 달변은 부드러웠지만 힘이 넘쳤다. (그러나 그때나 지금이나 방송 시간이나 지면의 한계로 그 내용을 모두 전할 수 없는 안타까움은 여전히 남는다.) 잠시 후, 그가 사저 입구에 도착했을 때 나는 마음속에 담아두었던 마지막 질문을 던졌다. 요즘, 행복하십니까?

"아주 행복합니다. 일이 좀 벅차고 몸이 힘들다는 느낌은 있지만 아주 행복하죠."

나고 자란 고향에서 시민으로서 행복을 찾아가고 있는 전직 대통령, 노무현. 그와의 세 번째 인연은 그의 얼굴에 새겨진 굵은 주름만큼이나 깊이 있었고 더 없이 인간적이었다.

역대 대통령 가운데, 퇴임 후 유일하게 고향으로 돌아온 대통령. 그는 어떤 이유로 고향행을 선택한 것일까? 프로그램을 만드는 PD로서 해결해야 하는 두 번째 물음표였다.

고향으로 돌아온 시민 노무현의 일상은 참으로 분주했다. 72시간 동안 지켜본 카메라에 잡힌 모습만 봐도 그렇다. 벼농사와 단감 농사가 소득의 전부인 봉하마을의 변화를 위해 그가 먼저 나섰다. 오리농법 교육에 참가해 새로운 농업 기술을 배우고, 버려진 마을 뒷산에 장군차나무를 심고, 쓰레기가 쌓이고 폐수가 흐르는 마을 하천을 살리기 위한 환경 운동까지 관심을 두고 일을 추진해 나갔다.

추억 속 모습과는 참 많이 달라진 고향을 옛 모습으로 되돌리고 싶은 소망에서 시작된 일, 그러나 그의 꿈은 거기에만 머물지 않았다. 좀 더 살기 좋은 고향, 더 나아가 살기 좋은 농촌을 만들고 싶은 것이 시민 노무현이 바라는 최종 목표였다.

"이걸 하는 것이 단지 우리 마을을 아름답게 꾸민다, 여기에 손님 더 와라 이거 아닙니다. 마을이 황폐해지면 기술농은 와서 살 수가 없거든요. 농사 안 짓는 사람이라도 농촌에 와서 살게 해줘야 마을이 형성되고 그래야 그 다음에 기술 농업 할 사람들이 와서 아이 키우면서 살 수 있는 거죠. 사람이 살아야 기대서 농민이 살 수 있는 것이죠. 그래서 마을을 유지하는 게 국가적 정책으로 돼야 하는 것이죠. 저는 지방에서 사는 시민들이 자기 삶을 어떻게 개척하느냐 하는 것을 중요하게 생각했습니다. 그래서 보통 시민으로서의 생활, 그것도 지방에 사는 시민으로서의 생활을 해보고 싶어서 내려왔습니다."

청와대 참모들 동네 머슴 되다

그가 늘 입버릇처럼 말하는 '사람 사는 세상.' 한 사람의 꿈을 여러 사람이 공유할 수 있을 때 그것은 현실이 된다고 했던가. 대통령 재임 시절에는 39명의 비서관들이 청와대에 있었지만, 퇴임 후에는 3명의 비서관만이 봉하마을로 내려왔다. 그러나 예상치 못했던 방문객들이 몰려들면서 청와대 비서관 출신 자원봉사자들까지 봉하마을의 일원이 됐다.

밀려드는 방문객 행렬에 연설기획 담당이었던 김경수 비서관은 수첩을 들고 뛰며 일정을 조정하고, 또 다른 비서진들은 '봉하찍사'가 되어 방문객들의 사진을 찍는다. 밀짚모자 패션이 잘 어울리는 이호철 (민정) 수석은 방문객들에게 노 전 대통령의 친필 사인이 들어있는 명함을 나눠주느라 정신이 없다.

"쉬는 날이 따로 없죠. 우리끼리는 월화수목금금금이라고 표현합니다."

— 김정호 전 청와대 비서관

"여기 머슴 많습니다. 머슴 복장이 편해요. 숙소에 가면 구두가 없어요. 다 등산화예요. 이게 기본 복장입니다."

— 김태영 전 청와대 비서관

    불과 두 달 전까지만 해도 양복을 입고 대통령을 모시던 비서관들이 마을 사람들에게 농사일을 배우고, 마을의 궂은일을 도맡아 하는 '동네 머슴'이 됐다. 마을에서 이동할 때는 자동차가 아닌 자전거를 이용한다. 등산화에 삽자루를 들고 마을을 누비고 검게 그을린 얼굴 때문에 마을 주민과 구별이 안 될 정도로 몰라보게 변했지만 스스로 행복하다 말하는 봉하마을의 '행복한 머슴들.' 그리고 대통령의 귀향과 함께 그의 고향으로 내려온 노사모까지.
    '사람 사는 세상'을 꿈꾸는 대통령 노무현의 꿈은 그렇게 사람들 사이에서, 뜻을 함께하는 사람들에 의해 이뤄져 가고 있었고, 그래서 봉하마을에서의 72시간은 여느 〈다큐멘터리 3일〉처럼 따뜻할 수 있었다.

세 번의 인연, 그 후

2009년 5월 23일. 갑작스런 그의 서거 소식. 뭣보다 그의 죽음을 전하는 밑그림으로 쓰이고 있는 〈다큐멘터리 3일〉 화면을 보는 것은 견디기 힘든 고통이었다. 그와의 세 번째 만남의 기록이 1년 후, 이렇게 쓰이게 될 줄은 꿈에도 생각지 못한 일이었기에 더더욱 그랬다.

수많은 방문객 앞에서 매번 다른 '개그'를 하기 위해 고민한다는 당신, 카메라가 하루 종일 따라다녀서 담배를 맘껏 피울 수 없다며 가벼운 타박을 하던 당신, 밀짚모자를 쓰고 당신의 뒤를 따르는 '행복한 머슴들'과 고향 들녘을 힘차게 달리던 당신, 고향 뒷산에서 평생을 함께해온 아내와 고사리를 뜯던 당신, 촬영 마지막 날, 촬영 팀에게 막걸리 한 잔을 일일이 따라 건네던 당신. 이제, 더는 볼 수 없는 당신의 모습을 지난 화면을 통해 봅니다…….

그리고 당신과의 세 번의 인연을 통해 인간 노무현을 이야기할 수 있게 해주고 당신을 추억하고 싶은 이들을 위해 무언가를 할 수 있게 해준 대통령께 감사의 인사를 드린다.

햇오리
손에 올려놓고

홍순명

전 풀무농업고등기술학교장.
저서로 『들풀들이 들려주는 위대한 백성 이야기』
『홍순명 선생님이 들려주는 풀무학교 이야기』가 있다.

봉하마을의 별칭은 오리마을이다. 봉하마을 24만 평 논에는 잡초와 병충을 잡아먹는 청둥오리 떼 수천 마리를 볼 수 있다. 이들이 이리저리 논바닥을 돌아다니며 벼를 자극해 튼튼한 벼가 자란다. 오리의 똥과 오줌은 퇴비가 되어 순환 자급형 생태 농업이 이루어지는 것이다. 이렇듯 봉하마을이 환경 농업의 기지가 되기까지 노무현 대통령과 인연을 맺었던 몇 분의 노력이 있었다. 바로 대통령의 초청으로 봉하마을에 가서 오리농업 기술을 전한 주형로 씨, 그리고 일본에서 처음으로 오리농법을 창안한 후루노 다카오(古野隆雄) 씨다. 필자는 후루노 씨의 『오리농법』(그물코, 2006) 등을 번역하고 오랜 교분으로 이들의 아름다운 인연을 지켜볼 수 있었다.

이야기는 대통령이 갓 퇴임한 2008년으로 거슬러 올라간다. 당시 충남 홍동에서 유기농업 작목연합회장이던 주형로 씨가 초청을 받아 봉하마을의 사저에서 대통령을 만났다. 대통령은 청와대에 있을 때부터 유기농업에 관심이 많았다고 했다. 주형로 씨는 한 시간 정도 홍동 문당리 마을의 오리농업 현황과 기술, 오리농업으로 마을을 만들어온 과정을 이야기했다고 한다. 비서관 한 명을 대동하고 진지하게 이야기를 듣고 질문도 하던 대통령은 다시 날을 잡아 마을에서 농민들을 대상으로 강의해줄 것을 요청했다.

"나는 노 전 대통령은 방침만 정하고 그 자리에는 안 나올 줄 알았어요. 그런데 마을회관에서 열린 행사에서 맨 앞좌석에 앉아 꼬박 끝까지 다 듣더라고요. 두 시간 강의를 하고 한 시간은 인근 오리 농법하던 곳에 가서 실패 원인을 따져보는 현장 실습을 했어요. 대통령은 거기까지 자리했어요."

오리농법 창시자 후루노 씨와 만나다

이렇게 주형로 씨의 봉하마을 행보는 점점 잦아졌다. 대통령은 "FTA는 유기농업으로 극복해야 하고 유기농업은 오리농업이 1순위다"라고 말했다고 한다. 그의 이런 발언은 오리농업에 대한 전국적 관심을 불러일으켰다. 말만 한 게 아니었다. 기다렸다는 듯 오리농업을 실행에 옮겼다. 밀짚모자를 쓰고 경운기를 모는 사진이 언론에 나왔다. 평범한 홍동에 비해 봉하마을은 인재, 매스컴 효과, 소비 시장이 갖추어져 있었다. 봉하마을의 농장이나 마을 장터에는 많은 국민의 관심이 쏠린다. 그렇게 봉하마을은 오리농업의 새 도약대가 되었다.

후루노 다카오 박사는 1988년부터 청둥오리를 논에 넣어 짓는 오리농법을 시작해 아시아를 중심으로 전 세계에 퍼뜨린 농학자이자 농부다. 2000년 세계경제포럼에서 선정한 21세기 사회 변혁자의 한 사람으로 뽑히기도 했다. 필자는 그를 1994년에 처음 만났다. 후루노 씨는 봉하마을에서 오리농사가 시작된 것을 두고 '특별한 인연'이라고 말한다. 오리농업이 충남에 퍼지기 전, 한국에서 오리농업이 가장 처음 시도된 곳이 바로 봉하마을과 가까운 창녕이기 때문이다.

"1994년 초여름『부산일보』동경지사장 최성규 씨와 의형인 실업가 김대년 씨가 저에게 연수를 받았습니다. 그들이 돌아가 오리농사를 처음 시작한 곳이 바로 김해에서 30분 거리의 창녕이었지요. 그해 한반도를 강타한 태풍으로 전국의 벼가 다 쓰러졌는데, 김대년 씨네 오리 벼만 멀쩡했다고 KBS 보도가 나갔다고 들었습니다. 그해 여름, 오리농법 강연회를 창녕에서 개최했는데 거기서 홍순명 씨(필자)를 만났고 이후 오리농업은 충남 홍성을 중심으로 농민지도자 주형로 씨와 한국 정농회에 의해 눈에 띄게 보급됐습니다."

후루노 씨의 회고로는 김대년 씨가 세상을 떠난 후로, 경상남도의 오리농사는 한동안 뜸했다. 그러다 노무현 대통령이 봉하마을에서 새롭게 오리농사를 펼치기 시작한 것이다.

작년 2009년 3월 24일이었다. 한국을 방문한 후루노 씨와 함께 주형로 씨, 그리고 나는 대통령과 사저에서 만났다. 대통령은 "내가 뭐 한 게 있어야지요"라며 후루노 씨의 이야기를 주로 경청했다. 이야기는 논의 생물 다양성으로 흘러가, 오래 전부터 아시아의 논은 물고기, 오리를 함께 길러왔다는 말을 한참 나누었다. 후루노 씨에 따르면 일본도 1950년대까지 어느 논이건 붕어, 메기 치나 미꾸리, 새우가 우글거렸다고 한다.

"지금은 그런 물고기들을 전혀 찾아볼 수 없습니다. 그 원인은 농약이나 제초제에도 있지만 수로를 콘크리트로 싸 바른 게 구조적 원인입니다. 그렇게 하면 물고기가 냇물과 논 사이로 오갈 수 없습니다. 나는 1950년대와 같이 논, 웅덩이, 시내에 고기가 펄떡이는 풍경을 되살리는 것이 우리 세대 최대의 책임이고 젊은이들을 위한 환경교육이라고 생각합니다. 그래서 1996년 이후 오리 논에 개구리밥과 미꾸리 새끼를 넣어 논농사와 축산, 수산을 동시에 하고 있습니다. 미꾸리는 오리 똥을 영양원으로 늘어난 물벼룩 등의 벌레를 먹고 자랍니다. 거기다 물방개가 늘어나고 큰 냇물에서 식용 개구리가 올라옵니다. 논이 점점 더 생명들로 시끌벅적해지지요."

평소 후루노 씨는 농부, 벼, 물고기, 오리가 함께 그려져 있는 중국 고대의 논 풍경 그림 이야기를 예로 들며 물고기와 벼를 함께 기르는

햇오리를
논에 풀어넣는
대통령과
봉하마을 농민들.

어미지향(魚米之鄕)이 고대인들의 이상 사회였다는 말을 자주 했다.

대통령은 후루노 씨의 이야기에 깊은 관심을 보였다. 공통의 관심사를 놓고 이야기할 때 늘 그렇듯, 활기가 넘치고 미래의 기대에 대한 즐거움마저 느껴졌다. 어렸을 적 물고기를 잡았던 원체험(原體驗)을 이야기하며 화포천 생태 체험 교육을 화제로 올리기도 했다. 오리 쌀 가공 이야기가 나왔을 때 대통령이 그 자리에서 제안한 포장 상품화는 이후 곧 실행에 옮겨졌다고 한다.

사실 전임 대통령이 농사를 짓는 모습을 보는 것만으로도, 농민들은 희망과 동질감을 지닐 수 있다. 상징적 의미도 크다. 후루노 씨는 말했다. "일본의 총리대신, 정치가 중에서 고향에 돌아가 농사를 짓는 사람은 아무도 없습니다. 일본의 정치가는 늘 사방 눈치를 보면서 '너무 위험부담이 크다' 느니 '차츰 상황을 봐서' 라며 변명만 늘어놓지요."

그렇게 대통령은 퇴임 후 인생의 제2라운드를 시작한 것 같았다. 그러나 운명은 봉하마을 농사꾼으로 살며 그의 꿈을 실현하도록 내버려 두지 않았다. 안타깝게도 많은 기대를 저버리고 그는 가버리고 말았다.

말 없이 모를 심던 날

5월 23일, 그 비극이 있던 날 하늘도 무거웠다. 그날은 우리 홍성

풀무학교 전공부 교직원과 전교생이 손모를 심는 날이었다. 여느 때 같으면 영기(令旗)를 논둑에 꽂고, 못줄 넘기는 소리, 농요 부르는 소리로 온 논이 떠들썩했을 것이다. 하지만 모두 말이 없었다. 학생 중 하나가 참다못해 소리를 질렀다. "왜들 이래요? 자, 모내기 노래를 합시다!" 몇몇이 농요를 부르다가 다시 잠잠해졌다. 이따금 못줄을 넘기는 사이에 홍성에도 분향소가 차려졌다는 소식이 들렸다. 모심는 소리만 첨벙첨벙 들렸다.

서글픈 감정과 함께 정리되지 않은 생각이 마음을 눌렀다. 그동안 대통령에 대한 기대가 컸던 만큼 농민들의 상처도 깊었던 것이다. 어쩌면 농민들의 반대를 그리 무릅쓰고 FTA를 추진해야 했을까? 그러다 시골에서 오리농업을 하는 변신을 어떻게 받아들일까? 한번 그의 입장에서 생각해본다. 세계화된 경제 구조 속에서 어쨌건 GDP의 90퍼센트를 해외 무역에 의존하고 있지 않나? 그게 현실이고 '대세'가 아닌가? 성장, 시장, 효율 따위의 물질적 가치와 논리에 가려진 생명과, 그가 그토록 옹호했던 사회적 약자를 동시에 고려하려면 솔로몬의 지혜가 필요했을 것이다. 그는 준비가 부족했고 시민 사회도 성숙하지 않았다. '권력은 시장으로 넘어갔다' '정치가 할 일은 없다'고 말했을 때, 그는 스스로 추구한 이상과 현실의 틈바구니에서 어지럼증과 무력감을 느꼈으리라.

주형로 씨도 말했다. "어쩔 수 없지 않았을까요? 언젠가 우리 사회가 겪어야 할 일이지요. 대비책을 세웠어야 했는데……."

국내외 현실로 보아서 안 할 수 없었다 해도 대책을 세워야 했는데 그것이 약했다고 나름대로 노무현을 이해하고 동정했다. 그리고 말했다. "대통령도 FTA를 추진한 회한이 오리농법에 올인하게 만든 동기인 것 같아요." 그리고 한마디 덧붙였다. "하지만 농민 쪽에서도 유기농으로 체질 강화가 된 점이 있어요."

저만치 논길에 자전거를 타고

정부가 못마땅해도 농민은 농사를 짓는다. 하긴 언제 농민이 나라로부터 제대로 대접받은 일이 있었던가? 주형로 씨 지적대로 FTA가 지역 농민을 긴장시키고 체질 강화를 시키는 자극이 되기도 했다.

2003년부터 홍동면 친환경 쌀 작목반 농민들은 지역 내 초중등학교 학생에게 유기농 오리쌀 급식을 위해 정부 쌀 공급가의 차액 천만 원가량을 부담하기로 결정했다. 그 후 2년이 지나 홍성군수는 '학교 급식 지원 조례'를 제정해 군내 전역에 친환경 오리농 쌀을 지원키로 했다. "학교 급식이 어린이 건강과 교육은 물론 병원, 관공서 등 일반에까지 확대되면 유기농이 살아나고 지역 자립의 기반이 된다." 지역에서 신념을 갖고 시작한 일이 올해 전국 지자체 선거의 큰 이슈가 되었다.

농민 측에서도 농도(農都) 직거래, 지역 각급 학교의 생물 다양성

조사 같은 생태교육 프로그램 개발, 지역 순환농업 확립, 토지재단 구성 등 (일부 시행되고 있지만) 여전히 이루어야 할 일이 많다. 오리 농 기술을 포함한 유기농업 기술도 더 체계화시켜야 한다. 전기 울타리, 논밭 돌려짓기, 바로뿌림으로 일손 덜기, 오리 고기 가공 등 발전 여지가 많다. 그리해서 평화로운 전원 풍경을 재생하고 농촌의 자립에 기여하면서 도시, 나아가 쌀농사를 짓는 아시아 농민과 교류해 농민이 주체가 되는 평화의 고리를 넓혀야 한다. 그간 홍동의 오리 농민은 2년마다 일본, 베트남, 필리핀, 중국 등 아시아 농민과 교류해왔다.

하지만 농민의 자구책에는 한계가 있다. 식량 주권과 국민 건강을 지키는 일에 학교, 소비자가 협력할 일이 많고 무엇보다 정부가 가만히 있으면 안 된다. "냉철해야 한다. FTA가 돼도 농민과 소비자가 유기농 직거래를 하고, 정부의 의지만 있으면 유럽처럼 환경보전 직불제를 시행하면 된다. 지방자치체에서 농민을 돕는 경우는 문제가 없다." 로마의 FAO(국제식량기구) 본부에서 일하는 외국 친구의 말이다.

농민은 생명 산업에 종사하는 사람이고 그들이 존중받아야 평화로운 사회를 실현할 수 있다. 『뿌리 깊은 나무』를 편집하던 한창수 씨가 장바닥에서 약을 팔던 판소리꾼들을 최고의 문화인으로 대우하면서 한국 문화의 지평을 열었듯이, 농업을 투자 가치가 아니라 생명의 조건으로, 농촌을 자연과 인간이 어울리는 근원적 공동체로 여길 때 우리 사회에 희망이 있다.

지난해 6월 모내기 때, 대통령을 모신 인사들이 햇오리를 논에 풀어 넣으며 찍은 사진이 인터넷 신문에 올랐다. 허공을 바라보는 그들 눈에는 깊은 상실감과 비장함이 있었다. 올해에도 그런 행사가 있다면 햇오리를 손에 올려놓고 보송보송한 터럭의 온기를 느껴보기 바란다. 그렇게 따스한 사회를 실현하려 지금도 앞서서 화천포 논길을 자전거로 달리는 노무현 그이를 마음속에 그리기 바란다.

봉하찍사
이야기

김정현

전 청와대 행정관.
현재 봉하재단에서 일하고 있다.

　　　　　노무현 대통령 홈페이지 '사람사는세상'에는 '봉하 사진관'이란 코너가 있습니다. 귀향 초기, 봉하마을을 찾은 방문객들이 대통령과 함께 찍은 사진을 일일이 메일로 전달할 수 없어서 이 코너에 올렸습니다. 그러다 대통령의 일상과 봉하마을에서 활동하는 모습을 소개하는 인기 공간이 되었습니다.
　봉하마을 방문객들이 점점 늘어날수록 '대통령님 나와주세요!' '대통령님 사랑합니다' 하는 외침이 하루에도 몇 번씩 사저 주변을 쩌렁쩌렁 울렸습니다. 그러면 대통령은 피곤한 내색 하나 없이 몇 번이고 방문객들을 맞아 인사를 하고, 각도까지 바꿔가며 포즈를 취해주었습니다. 논길을 산책하다가도, 손녀와 자전거를 타다가도 방문객들의 반가운 인사를 지나치지 못했습니다.

결국 별도의 사진 담당 없이 카메라 셔터만 누를 줄 알면 비서진 중 아무나 카메라를 들고 나섰습니다. 그러다 보니 몇 주 전까지 민정수석을 지내던 분이 대통령과 사진 찍으려는 분들 줄 세워 안내하고, 부속실장을 지내던 이도 사진사가 되었습니다. 그렇게 '봉하찍사'라는 애칭이 생겨났고, 그 수가 늘 때마다 봉하찍사 1(문용욱 전 비서관, 현 봉하재단 상임이사), 봉하찍사 2(필자)로 이어져 봉하찍사 5까지 생겨났습니다.

매일 한두 시간씩 수 백 명의 방문객들과 일일이 사진을 찍다보니 대통령의 얼굴은 점점 그을려 갔습니다. 역광이 나오면 사진이 잘 안 나온다고 해를 안고 섰기 때문입니다. 보다 못해 비서진들이 대통령에게 모자를 드렸지만, 인사 말씀 하려고 벗고, 얼굴이 잘 안 보인다고 벗고 해서 기껏 모자를 드린 게 소용이 없었습니다.

봉하찍사들이 고른 사진 몇 장을 이 자리에 올립니다. 사실 봉하찍사들의 사진 실력이 좋지 못합니다. 그런데 이게 '날 것이 지닌 힘'이라며 좋게 봐주시는 분들이 많았습니다. 남녀노소 방문객들과 어울려 포즈를 취한 대통령의 소탈한 모습과 어울려 두 배의 파격이라는 것입니다.

방문객 한 분 한 분마다 눈을 마주치며 미소를 짓고 농담을 건네던 대통령의 모습이 지금도 눈에 선합니다. 카메라를 메고 뛰어다니느라 힘들기도 했지만 시민들과 화포천에서, 만남의 광장에서 어울리던 그 시간들이 그립습니다.

정현 씨,
이거 내 얼굴하고
같이 찍어 놔라

대통령은 화포천 정화 활동에 상당한 관심을 가졌습니다.
종종 비서진들을 대동하고 화포천을 직접 청소하기도 했습니다.
이 사진은 대통령이 자신의 얼굴이 사진에 나오도록 찍어서
홍보 자료로 사용하자며 포즈를 취한 사진입니다.

"정현 씨, 이거 내 얼굴하고 같이 찍어 놔라."

포토제닉
대통령

대통령은 사진 찍는 사람을 보면 자연스럽게 포즈를 취합니다.
사진 찍는 사람들을 흐뭇하게 해주지요.
이날도 자전거를 탄 채 카메라를 보고는 살가운 표정을 지었습니다.
사진 촬영 경험이 별로 없는 비서진 같은 아마추어들은
그런 모습에 당황할 때도 있습니다.
이 사진은 70여 장 중에서 선택한 것입니다.
이 사진을 찍기 위해 대통령의 예상 경로부터
먼저 파악해야 했습니다.
무슨 대단한 경호를 하기 위해서가 아닙니다.
사진 찍을 만한 곳에 미리 가서
자리를 잡아야 했다는 말입니다.

요즘 왜 텔레비전에
안 나옵니까?

대통령이 사저 앞 만남의 광장에서
방문객들에게 인사하는 도중이었습니다.
진주에서 오신 88세의 어르신이 수백 명의 인파를 뚫고
대통령을 향해 돌진해 왔습니다.
사진 한번 찍자는 것이었습니다.
이렇게 경호를 뚫고 오는 분들이 간혹 있었습니다.
대통령은 거절하지 못하고 같이 사진도 찍고 말씀도 나누었습니다.
이 할머니가 대통령에게 말합니다.

"내가 얼마나 좋아하는데 왜 요즘엔 텔레비전에 안 나옵니까?"

ⓒ 노무현재단

행복하게
잘살겠습니다

결혼식 후 신혼 여행길에 봉하마을에 들르는
신혼부부가 가끔 있었습니다.
이 부부도 대통령이 방문객들에게 인사하는 도중에
"오늘 결혼했습니다"라면서 "사진 한 번 찍어주시면
행복하게 살 수 있을 것 같습니다"고 했습니다.
대통령은 흔쾌히 그러마 하고 함께 사진을 찍었습니다.
이 신혼부부는 봉하 사진관에 올라온 사진을 보고
공항에서 이런 댓글을 남겼습니다.

신혼부부입니다.
19시 50분 김해공항에서 홍콩 및 발리로 신혼 여행을 떠나는 신혼부부입
니다. 서둘러서인지 일찍 김해로 오게 되었습니다. 시간이 많이 남아서
아무런 준비도 계획도 없이 김해시청에 전화를 걸어 대통령님 생가 주소
를 물어보고 내비게이션에 의지해 대통령님 생가로 가게 되었습니다. 도
착하자마자 주차장에서 안내하시는 분이 좀 있으면 대통령님이 나오신
다고 하더군요. 저희 부부는 멀리서나마 얼굴이라고 뵈려고 사람들 틈
사이를 헤치며 좀 더 가까이 갔지요. 대통령님을 뵙는 순간 저도 모르게

큰 소리로 악수 한 번만 해주십사 했는데 대통령님이 사진을 찍어주신다고 하셔서 설마 했는데 진짜더군요. 놀랍고 당황스러웠고, 그리고 정말 기뻤습니다. 사진을 찍고도 혹시나 하고 공항에 도착해서 3층 인터넷 서비스라운지에서 확인하니 사진이 올라와 있네요. 기쁩니다. 대통령님, 총리님이 저희 부부에게 악수를 하시며 "잘사세요!"라고 덕담을 해주셨

습니다. 저희 부부, 공항으로 가는 차에서 다짐했습니다. 대통령님과 총리님이 축하까지 해주셨는데, 진짜진짜 잘살자고. 어떤 경우라도 헤어지지 말고 평생을 함께하자고 약속했습니다. 노무현 대통령님, 이해찬 총리님 정말정말 감사 드립니다. 주위에서 박수치며 축하해주신 분들께도 감사 드립니다.

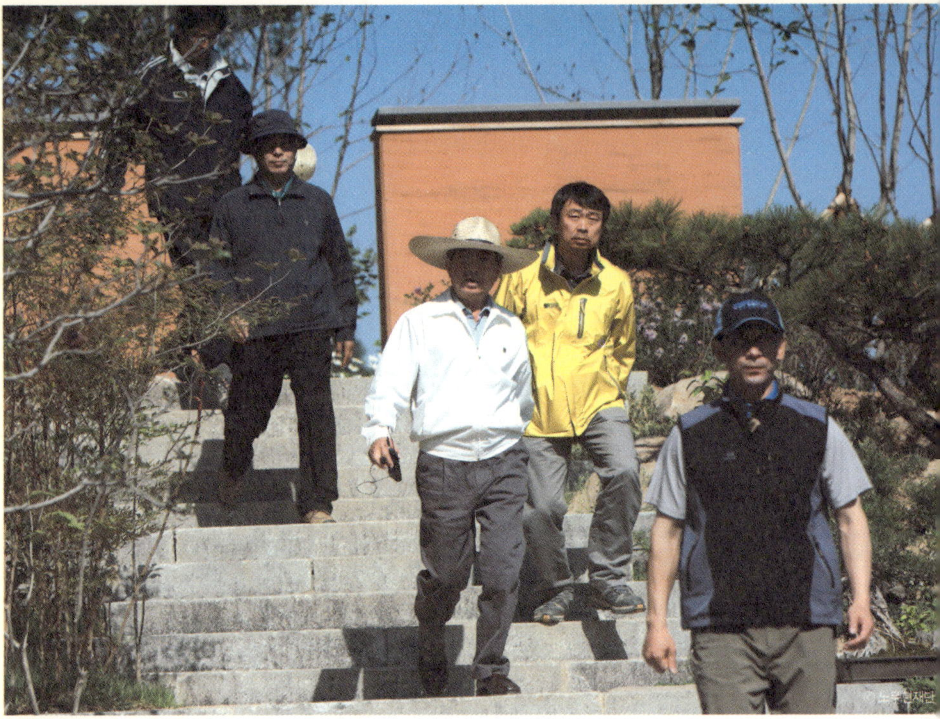

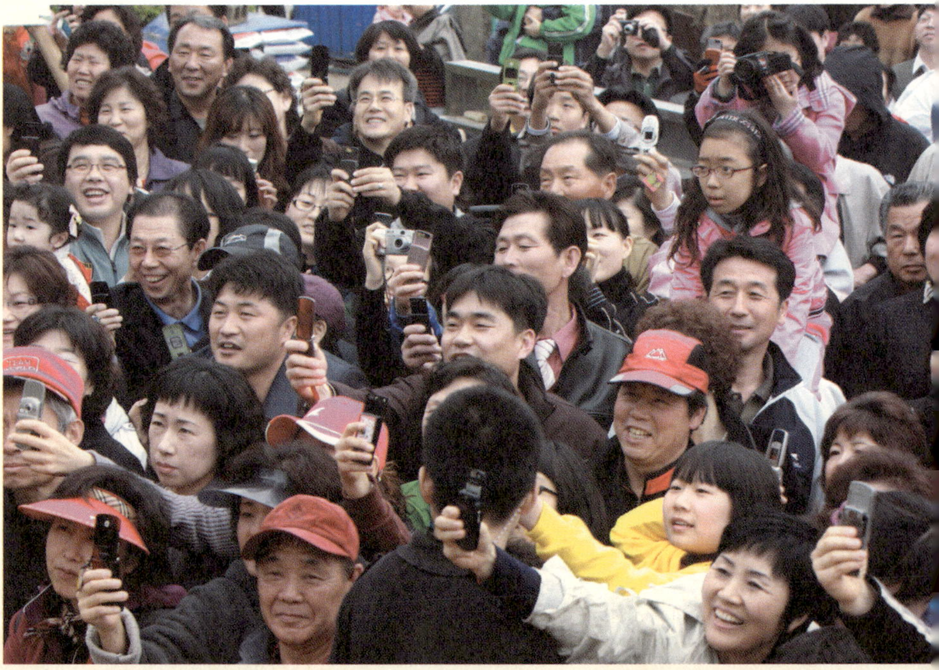

인산인해에
놀라다

봉하마을 만남의 광장에
최대의 인파가 모인 날이 아닌가 합니다.
사저에서 나오다 수많은 사람을 보고
놀라는 대통령 모습이 한동안 화제가 됐습니다.
이렇게 사람이 많이 오는 날엔
대통령도 무슨 말을 어떻게 할지 난감해했던 것 같습니다.
그럴수록 사람들과 사진을 더 많이 찍었습니다.

이날 장사는
망했습니다

봉하마을에 노점상이 부쩍 늘면서 불미스러운 일이 생깁니다.
마을 사람끼리 노점을 하지 말자고 합의하고도
잘 지켜지지 않습니다. 이날도 할머니 한 분이
대통령 생가 입구 골목에 미나리 노점을 떡하니 열었습니다.
도리 없이 비서진이 몽땅 사버렸습니다.
그걸 어쩌지 못해 마을 장터로 가져가 되팔게 됐습니다.
미나리를 사는 사람에겐 사진 찍을 기회를 주겠다며
방문객을 상대로 호객 행위를 했습니다.
몇 달 전만 해도 청와대에서 대통령을 보좌하던 비서진들이
시골에서 미나리를 파는 모습이 신선했던 모양입니다.

2시간 만에 다 팔았습니다. 3만 원에 사서 3만 1천 원을 벌었습니다.
접대용 막걸리 값으로 1만 7천 원을 써버리는 바람에
이날 장사는 망했습니다.

피는
뽑아야 합니다

대통령은 귀향하고 나서 봉하마을에 오리농법을 도입했습니다.
농촌 마을의 소득을 올리기 위해 아이디어를 낸 것이지요.
그런데 오리를 관리하는 게 만만찮은 일입니다.
농약을 사용하지 않으니 피도 기승을 부립니다.
그 피를 뽑기 위해 전쟁 아닌 전쟁을 해야 합니다.
이날은 자원봉사자들이 일을 도우러 오기로 했는데
비가 와서 취소됐습니다. 할 수 없이 비서진 전부가 동원됐습니다.
비 오는 날 우비 입고 기우 형님네 논에서
허리 꺾어 피를 뽑았습니다.
덕분에 그 주 내내 몸살로 끙끙댔습니다.

눈높이
맞추기

대통령은 아이들과 눈높이를 잘 맞추었습니다.
인자하고 재미있는 할아버지 모습 그대로였습니다.
대통령은 종종 꼬마들 사탕도 빼앗아 먹었습니다.
놀란 아이를 향해 익살스런 표정을 짓기도 했지요.
사탕을 빼앗긴 아이의 부모는 물론
주변 사람들 모두 박장대소합니다.

이거,
쑥스럽구만!

자원봉사자들과 인사하는 자리였습니다.
봉하마을에 큰일이 있을 때면 생업을 젖혀두고
일손을 거들러 오는 분들이 많았습니다.
이날 만난 봉사자 중에는
대통령 재임 중 청와대에서 일했던 사람도 있었습니다.
그를 못 알아본 대통령이 쑥스러워합니다.

아뿔싸, 사전에 대통령에게
그 말을 전하지 못했습니다.

노무현이, 없다 ⓒ노무현재단 2010

2010년 4월 29일 초판 1쇄 인쇄
2010년 5월 5일 초판 1쇄 발행

엮은이	노무현재단
지은이	도종환 외 17인
펴낸이	우찬규
펴낸곳	도서출판 학고재
주간	손철주
편집국장	김태수
편집	강상훈, 조주영, 최선혜, 최기영, 유정민
디자인	오진경, 이지선
관리/영업	김정곤, 박영민, 우중건, 이영옥
인쇄	현문
주소	서울시 종로구 계동 101-12번지 신영빌딩 1층
전화	편집(02)745-1722~3 영업(02)745-1770, 1776
팩스	(02)764-8592
이메일	hakgojae@gmail.com
홈페이지	www.hakgojae.com
등록	1991년 3월 4일(제1-1179)

ISBN 978-89-5625-109-7 03810

* 이 책에 실린 사진 자료, 내용의 전부 또는 일부를 이용하려면
반드시 저작권자와 도서출판 학고재의 서면 동의를 받아야 합니다.